心をつかむ話し方 無敵の法則

Invincible law of speaking that captures the hearts of people

野呂エイシロウ
Noro eishiro

アスコム

プロローグ

いきなりですが、クイズです！

僕の仕事のひとつは放送作家。番組に企画を提案することもしばしばです。さて、いざプロデューサーに提案するとき、**次のAとBどちらの話し方が「心をつかめる」でしょうか？**

A「これ、某局で視聴率15％をとった企画のアレンジなんですが……」

B「これ、まだどこの局もやったことがない企画なんですが……」

10秒くらいで考えてみてください。

はい！　どうですか？　答えが決まったら次のページへどうぞ。

正解は……

実はこのクイズ、正解はありません！

ものすごく顰蹙《ひんしゅく》を買っているかもしれませんが、どうか怒らないで読んでいただきたい。僕はふざけているわけではありません。

先ほどの二択には、**この本で紹介する話し方の法則すべてに通じる、原理原則が隠されている**のです。

その原理原則とは、

あなたの話を「おもしろい！」と決めるのは、あなたではなく相手

ということ。

これを知るだけで、もうあなたは相手の心をつかみかけています。

ではもう少し詳しく説明するために、次のページでクイズの謎解きをしましょう。

冒頭のAとB、どちらがおもしろいかを決めるのは僕ではありません。プロデューサーです。そしてプロデューサーも担当している番組や本人の性格はいろいろです。手堅く2ケタの視聴率をとりたい人ならAに興味が湧くでしょう。大コケのリスクを冒してでも20％超えを狙うアグレッシブな人ならBに惹かれるはずです。

僕は各番組のプロデューサーのタイプを熟知しているので、**それぞれに合った話し方を使い分けます**。AやB、ときにはCだったりDだったりします。だから唯一絶対の正解は決められないのです。

さあここで第2問！　今度はちゃんと正解があります。そしてここまで読んでいただけたなら、とても簡単に答えられるクイズです。

心をつかむ話し方で第一に考えるべきなのは、次の3つのどれでしょうか。

①何を話すか　②どう話すか　③誰に話すか

答えは③です。

僕がどんなに「これは鉄板のすべらない話だ！」と思っていても、話す相手を間違えると普通にすべります。おもしろいかどうかを決めるのは相手ですから当然です。

相手の関心をグッと引き寄せて心をつかむためには、相手が望んでいることを提供することが９割。**人が魅力を感じるのは「自分にとって魅力的なことを言ってくれる人」**なのです。

では具体的にどうすればいいのか？　そのポイントを本編に52の法則としてまとめました。

この本に書いたことは、物静かな人が明るく振る舞うよりも、鉄板ネタをいくつも仕込んでおくよりも、はるかに簡単です。52のうちいくつかを実践できるだけで、あなたの印象はガラッと変わります。全部マスターすれば、まさに無敵。**仕事もプライベートも人間関係が楽になり、人生がずっと生きやすくなります。**

僕がこの本を書いたのは、僕自身、いかに相手の心をつかむかに腐心してきたからです。僕は企業のＰＲコンサルタント、あるいはテレビ番組の放送作家として、日々いくつもの会議や打ち合わせに呼んでいただいています。僕の話で相手の関心を引けなければ、仕事はなくなってしまうでしょう。

でも僕はお笑い芸人のようなトークの達人ではありません。だからこそ、**どういう話し方をすれば、相手に喜んでもらえたり、驚いてもらえたり、共感してもらえたりするのかを考え続けてきた**のです。そんな中で20年以上かけて磨いてきた話し方のコツは、どんな人にも役立つものだと思っています。

生きている以上、人との関わりは避けられませんし、退職理由で一番多いのは人間関係の悩みだったりします。

もっと言えば、これからは副業などで個人で仕事をする人も増えていくはず。そういう人は**企業の看板や実績に頼らず、自分自身を売り込んでいかないといけません。**

そんな時代の変化を受けて、過去に発売した『「話のおもしろい人」の法則』を加筆・修正・改題したのが本書です。

自分は口ベタだとか、人前で話すのが苦手だとか、ウケるネタなんて持っていないという人も、安心してください。

この本を読めば、

- **交渉やプレゼンがスムーズにできるようになります**
- **苦手な会議や打ち合わせでも存在感を示せるようになります**
- **人を巻き込んで仲間を増やすことが楽になります**
- **むやみに人に嫌われたり、怒られたりすることがなくなります**
- **面倒な人付き合いが円滑になります**

さて、それでは「相手に合わせて話し方を変えるとはどういうことか」といったあたりから、本編をはじめましょう。

CHAPTER 1
話のおもしろい人、つまらない人の話し方の法則

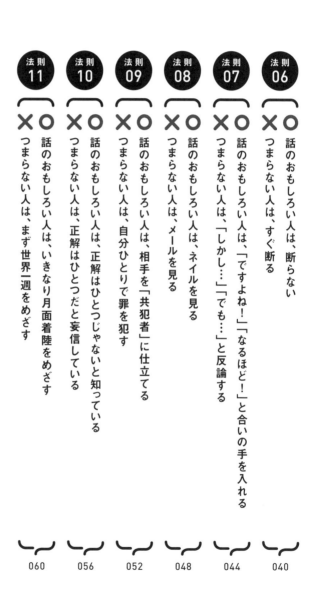

CHAPTER 2

会話が続く人、続かない人の話し方の法則

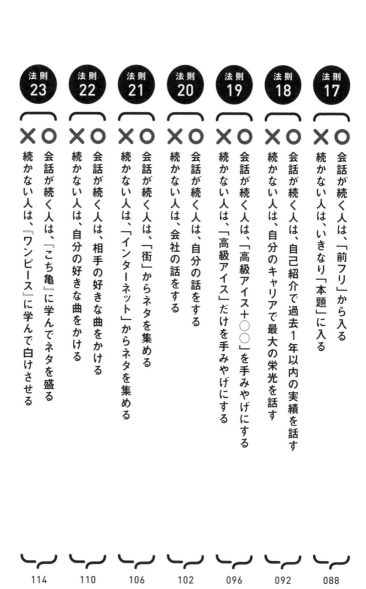

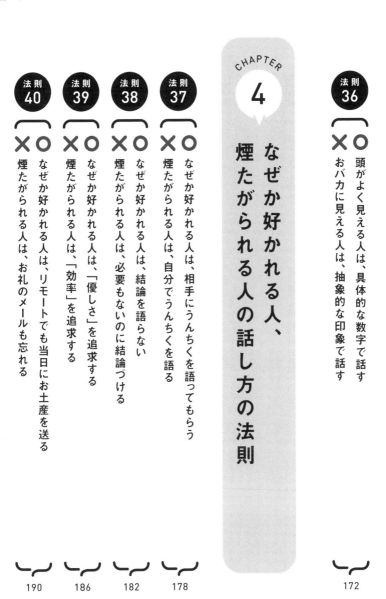

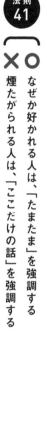

CHAPTER 5

なぜか怒られない人、すぐ怒られる人の話し方の法則

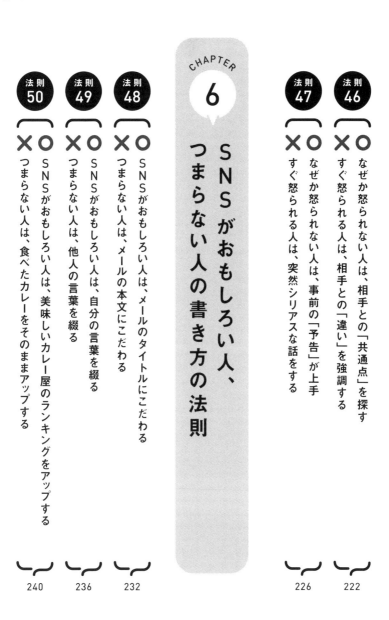

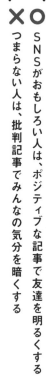

CHAPTER 1

話のおもしろい人、つまらない人の話し方の法則

法則
01

話の
おもしろい人は、

相手に合わせて話し方を変える

話の
つまらない人は、

どんな相手にも同じ話し方をする

何かを売り込もうというとき、**相手のニーズを聞かず、闇雲《やみくも》に自分が売りたいものを売ってもうまくは行きません。**ミスマッチが生まれやすくなるからです。

たとえば、僕が放送作家として『奇跡体験！アンビリバボー』（フジテレビ）などのテレビ番組の企画会議で、自分のアイデアをプレゼンするときは、次のいずれかのキャッチフレーズを使います。

A「これ、某局で視聴率15％をとった企画のアレンジなんですが……」

B「これ、まだどこの局もやったことがない企画なんですが……」

プロローグでもお伝えした通り、どちらのフレーズがおもしろそうで、どちらがつまらなそうかを決めるのは、僕ではなくプロデューサーです。手堅く2ケタの視聴率を狙おうと思うのか、大コケのリスクを冒しても20％超えに挑戦するのか。それは相手が判断することなのです。

たとえば商品をPRする場合、次のどちらがあなたの心に「刺さる」でしょうか？

A「テレビで続々紹介され、いま話題沸騰中の商品です！」
B「知る人ぞ知る商品です！」

Aは、周囲と同調することを好む層の心に刺さるキャッチです。収入面でグループ分けすると、平均的かそれ以下にある人々は、一般的にみんなが持っているもの、すでに流行《はや》っているものを持ちたがる傾向があります。一方、Bのキャッチが刺さるのは、相対的に高収入の層です。彼らは持ち物に個性を持たせたがる傾向があり、多くの人が持っているもの、すでにブレイクしているものを陳腐と感じます。

つまり、**どのような層にアプローチするかで、正解は変わってきます。**

ジャッジするのは誰？

あなたは「何を、どう話せばいいのか」ということばかり考えているはずです。しかし、それ以上に大切なのは、**「相手が何を望んでいるのか」**を考えることです。**あなたの話がおもしろいかどうかをジャッジするのは、あなたではない。相手です。**ということは、相手の望みや性格を知っておく必要があるわけです。

僕は、クライアントに合わせて、話し方も、話の中味も使い分けます。自分の意見を言うときもあれば、まったく表に出さないときもある。さらには、相手が同じ人でも、そのときの状態を見て、話し方を変えることもあります。

相手が僕に意見を求めていると感じれば、自分の意見を話しますが、相手に明確な結論があり、同調や後押しを望んでいるようであれば、「それでいいと思います！」と断言して、見落としやミスがないかどうかだけを指摘します。

会話の達人になるためには、**何を話すかよりも、相手の「波長」によって話し方を変えられるかどうかがポイント。**だって、おもしろいかどうかを決めるのは、相手なのですから。だから、相手の状態や好み、性格を観察し、見極めることがとても大切になってくるのです。

ワシづかみポイント
01

おもしろいかどうかを決めるのは相手
話し方は相手の「波長」によって変化させよう

法則 02

話のおもしろい人は、

カメレオンのように変身する

話のつまらない人は、

「俺様の生き方」を押し通す

相手によって話し方を変えると言うと、「相手次第で態度を変えるヤツ」と、不誠実な対応ととらえられがちです。でも、それは誤解です。

会社で上司や同僚、取引先と仕事をしている、普通の会社員のケースを想定してみます。家では奥さん（ご主人）や子どもと生活をしています。

では、上司と自分の子どもにまったく同じ話し方をする人はいるでしょうか？　奥さんと同僚では？　異なっていなければ、そのほうが気持ち悪いですよね。赤ちゃんには甘い言葉で話しかけ、同僚にはビシッと対応する。それは本来、相手がそう望んでいると思うからこそしていること。これは、話し方以外にも応用が利きます。

僕は、クライアントの人柄や業種などによって服装を変えます。テレビ局に出向くときは堅くなりすぎないようネクタイをしませんが、広告代理店や金融機関に出向くときは必ず締めます。

あなたも休日に公園で子どもと遊ぶ場合と得意先の人を接待するときとでは、服装を変えますよね。サラリーマンだって、その日に会う相手によってスーツやネクタイ、靴を変化させることはできます。相手がピンクが好きなら、あなたもピンクのネクタイをすればいいわけです。

人は「自分に合わせてくれる人」を好きになる

これは、プライベートでもとても有効です。

理想の恋人の条件として、「おもしろい人」「共感できる人」「話を聞いてくれる人」などがよく挙げられます。僕には、全部同じことを言っているように思えます。

正確に言うと、「私をおもしろがらせてくれる人」「私に共感してくれる人」「私の話を邪魔せずに納得しながら聞いてくれる人」なのです。つまり、**人は「自分に合わせてくれる人」を自分に合った、理想の相手として意識するのです。**

どうしても仲良くなりたい、付き合いたい人がいるなら、するべきことは簡単。**相手を慎重に、細かく観察し、すべて相手に合わせることです。**その人のことが本当に好きならば、必ずできるはずです。相手がマンガの『ワンピース』を好きなら、あなたも勉強して「おもしろいよね！」と話を合わせましょう。

一方、ビジネスシーンで、上司が「ウチの子どもと『ワンピース』を一緒に見てみたんだけど、あんなのどこがおもしろいのかね?」と言ったら、どう対応するか?

そう、自信を持って**「僕もつまらないと思うんですよ！」**と言い放つのです。一流の料理人が、お客様の表情やちょっとした一言から体調を読み取り、味を変化させるのと同じこと。相手に合わせることが究極のおもてなしなのです。

あなたが大の『ワンピース』好きだとしても、その「本当の自分」をつねに貫く必要などどこにもありません。

アットホームな会社に入れば温かい人間になるし、ドライな職場では性格までドライになる。それはごく普通のこと。僕たちは本来、みんなカメレオンなのです。

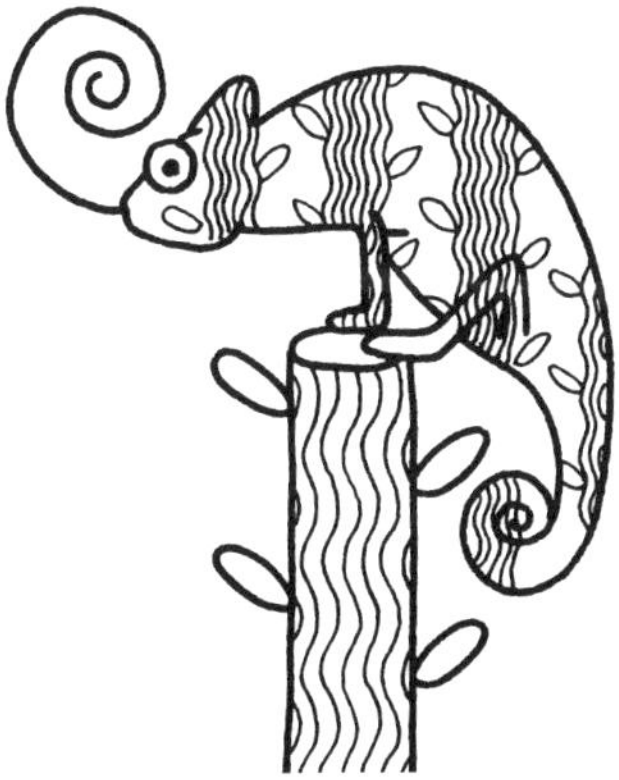

ワシづかみポイント
02

相手に合わせて言うことを変える
それこそ究極の「お・も・て・な・し」！

法則
03

話の
つまらない人は、

自分を主語にする

話の
おもしろい人は、

相手を主語にする

「話のおもしろい人」は、モテる異性の条件として一番に挙げられます。長きにわたって世間でそう思われている人の代表格は、明石家さんまさんでしょう。

僕はこれまで特番などで何度かお仕事をご一緒させていただき、しゃべりの天才とはまさにこの人のことだなあ、と実感してきました。

しかし、さんまさんの「おもしろさの法則」については、多くの人があまりわかっていません。分析してみると意外なことに気づきます。

さんまさんは、実は自分の話をガンガンするタイプではありません。むしろ相手の話を聞いて、オーバーなくらいのリアクションを取ります。大げさにソファや床にゴロンとなって文字通り笑い転げている。それが見ている人に「おもしろい人」と感じさせてしまうのです。

『さんまのまんま』のような対談でも、『踊る！さんま御殿!!』のようなひな壇の芸人たちを仕切る場合でも、基本的には変わりません。さんまさんは、3つのステップで話を引き出していきます。

ステップ1　相手の見かけや着ているもの、最近の話題やちょっとした発言などをきっかけに「どうなん？」とアバウトに振って相手の話を聞き出す。

ステップ2　その内容を肯定しながらオーバー目のリアクションをとって大笑いして、相手を気持ちよくさせる。
ステップ3　気持ちよくなった相手が調子に乗って新たにくり出した話題から、おもしろそうなネタを見つけてさらに話題を広げていく。

さんまさんは、相手が素人でも、瞬《また》く間におもしろい番組に仕立てることができます。しかし、それは相手がおもしろいからではありません。**さんまさんのリアクションがおもしろいからこそ、その場をおもしろくすることができ、相手は「自分の話はウケた！」と喜ぶことすらできてしまうのです。**

明石家さんまに学ぶ「主語」の使い方

この手法は、ヒントに満ちています。多くの人は会話になると、自分の話を聞いてもらうことに必死になる反面、相手の話を聞くことへの配慮が不足します。自分が言いたいことを話そうとするあまり、気づかないうちに相手が振っている話を聞いていない。つまり「どスルー」してしまうのです。

ですから、**会話を始めるときは、いきなり自分が主語の話をするのをやめてみてください。**「実はこの間○○に行ったら××で……」という導入を後回しにし、

「久しぶりじゃない。最近どうなの？」

「あ、今日はちょっと眠そうだね」

「早くも夏を先取りしてますね〜」

など、**相手を主語にした質問を振ります。**そして**返ってきた答えをオーバー目に反応しながら、広げられれば質問を続け、話が続かないようなら別のネタを振ります。**

そのうち相手が本当におもしろいことをしゃべってくれればしめたものです。倒れそうなくらいの勢いで爆笑してあげれば、相手は必ず喜びます。

相手の話に大きなリアクションで返してあげると、あら不思議！　相手にとっては、あなたこそが「おもしろい人」になるわけです。

ワシづかみポイント

03

相手の主語で質問を振ろう
オーバーリアクションで反応すれば相手も大喜びする

法則 04

話のつまらない人は、

相手の3倍話す

話のおもしろい人は、

相手の3分の1だけ話す

明石家さんまさんの会話からぜひ学んでほしいことがあります。それは、**「しゃべりすぎないこと」**です。

テレビでよーく見ると、さんまさん自身が話をしている時間は短いことに気づくはずです。意外ですよね。生まれた瞬間からしゃべっていたとか、新幹線で隣になるとみんながウンザリするほどしゃべり続ける、と噂されるさんまさんですから。

しかし番組を録画してカウントしてみると、**概《おおむ》ねさんまさんが1しゃべると、相手は2・5くらいしゃべっていることがわかります。**

会話が盛り上がり、さんまさんも乗ってきて3くらい話すようになっても、相手にはさらにそれ以上にしゃべらせます。振幅は大きくなっていくけれど、さんまさんのしゃべりが相対的に少ないというバランスは保たれたままです。

そして、**ひとつの話題を1〜3分にしているケースが多く見られます。**3分以内に、さんまさんはパッと次の話題に切り替えてしまいます。ひとつの話題は3分ほどしか持たないと感じているのでしょう。3分以内に相手のおもしろい中味をすべて引き出してしまう。これこそがさんまさんがおもしろい本当の理由です。

自分の意見ではなく、一般論でとっかかりをつくれ

おもしろい人なのに、あまりしゃべっていない。この一見矛盾しているようなさんまさんの法則は、大切なことを教えてくれます。

それは、**話をおもしろくするためには、自分の意見を言う必要はあまりないということ。**

さんまさんは、**自分自身がおもしろい話をする以上に、相手からおもしろい話を引き出すことでおもしろいと思われています。**自分の話はさほどせず、ただ相手の意見を引き出して、それに賛同することで場を盛り上げているわけです。

芸人ならその場をおもしろくしなければいけない。

営業マンならお客様との会話をもたせなければいけない。

モテたければ狙っている相手にユニークな人だと思われないといけない。

コンサルタントなら使えるアイデアを提供しなければいけない。

でも、もし相手の側にとてもおもしろいエピソードやいいアイデアがあるとしたら、どうでしょうか？

大切なのは、自分の主張を通すことではありません。あなたが携《たずさ》わった結果、その場が明るくなったり、プロジェクトが成功したりすればいいのです。その場でいいアイデアが生まれればそれでOK。

その点、さんまさんは自分の意見を述べない代わりに、一般論を提示することでたくみに摩擦を避けています。「よく、〇〇なことってあるやんか」というパターンです。自分の意見や経験を押しつけるのではなく、「あるある」のような一般論を並べることで、相手が次に「何を話せばいいのか」をたくみに誘導しているのです。

自分の意見が求められる場面というのは、極めて限定されているものです。普段は**できる限り相手の意見を引き出し、それに反応することを優先してください。**

大切なのは、その場で結果が生まれること。そのためにおもしろくて楽しい空間を、会話という武器で作る必要があるのです。

ワシづかみポイント
04
相手より長く話してはいけない
一般論でとっかかりをつくって話題を広げよ！

法則
05

話のつまらない人は、

半沢直樹になる

話のおもしろい人は、

堺雅人になる

話がつまらない人は、あえてポジティブに考えればまじめな人なのだと思います。「自分が理想とする自分」というものをしっかり持っている反面、柔軟性に乏しく、相手が望む人間像にうまく近寄って行くことができないのです。

どこまで行っても自分は自分。だから変えることはできない。そういう信条の人に、「相手の望む通りの人間に変身してください」とすすめてみたところで、なかなか心からは納得してもらえないでしょう。

ならば考え方を変え、会う人に合わせた**「架空の新しいキャラクター」**を作ってしまうのはいかがでしょう。

Aさんが最も喜んでくれるように、Aさん向けにカスタマイズしたキャラクターを**「野呂エイシロウA」**、Bさん向けは**「野呂エイシロウB」**、といった具合です。

そしてメモ帳には、Aさん、Bさんのプロフィールや性格、趣味嗜好《しこう》のほかに、野呂エイシロウA、野呂エイシロウBのキャラクターや性格、服装など詳細にわたる「仕様書」を書きためておきます。それぞれの人に会う前に読み返してそのキャラクターになりきり、終わったら本当の自分に戻ればいいのです。

なぜ、「半沢直樹」はすぐ「古美門研介」になれるのか

何もそこまでして……と思う人もいるかもしれませんが、こうした「架空のキャラクター」になりきることを崇高な職業にしている人たちがいます。

そう、俳優です。

堺雅人さんはとても魅力的な役者です。ある人にとって彼の魅力は「半沢直樹」かもしれませんし、ある人には「リーガル・ハイ」の古美門研介《こみかどけんすけ》かもしれません。でも、どちらも堺雅人さんという役者が演じている役、つまり架空のキャラクターです。「半沢直樹」と「古美門研介」、どちらがより「本当の堺雅人」に近いかはわかりません。でも、半沢直樹も古美門研介も、絶対に本当の堺雅人さんとは違う人間です。しかし堺さんは、「半沢直樹」が終了したら、すぐ次のクールで「古美門研介」を演じられるのです。

野呂エイシロウAも野呂エイシロウBも、まったく同じこと。そういう脚本を与えられたのだから、一生懸命稽古し、演出意図に従って演じればいいだけ。自分の考え

とは違うセリフでも、台本通り発声するだけ。なぜなら、それが仕事だから。

そして、演じること自体が、本物の野呂エイシロウを変えることにはなりません。

ただ、俳優さんが役を演じてみたことで人生観や考え方が少し変わることもあるように、演じている自分に影響されることもあるかもしれません。

「俺は半沢直樹のように、一本筋の通った男になる！」などと硬直して考えるほど、周囲はあなたを冷ややかに見ることでしょう。あなたも、あるときは半沢直樹、またあるときは古美門研介、またまたあるときはルパン三世にでもなってみましょう。

ひとつだけ「役」になりきるためのヒントを付け加えておきます。**野呂エイシロウAになるときにはピンクのネクタイ、Bのときにはこの香水、という風に具体的な「なりきりスイッチ」を決めておくのです。**こうすると、意外にすんなりとキャラクターを入れ替えられます。

ワシづかみポイント

05

あなたには相手に合わせた「配役」がある
それを超マジメに演じてみよう！

法則

06

話のつまらない人は、

すぐ断る

話のおもしろい人は、

断らない

ある有名な方と朝食をご一緒したときのことです。場所は彼が東京で定宿《じょうやど》にしている一流ホテル。彼は頻繁に東京に滞在し、相当の金額をそのホテルに落としている上顧客です。

「あれ、メニューが変わったんだな」。新しいメニューを開くと、彼はそうつぶやきました。そして、宿泊するたびに食べていた料理が、なくなっていることに気づいたのです。

彼はウェイターを呼ぶと、いつも食べていたスクランブルエッグと焼いたベーコン、フルーツの盛り合わせをオーダーしたいと頼みました。そして、自分の焼き加減の好みはシェフが知っているはずだから確認してほしい、と付け加えました。

ところが、そのウェイターは即座にこう答えました。

「恐れ入りますが、メニューにないものはお作りできません」

彼は納得がいきません。決して珍しい食材を使った料理をオーダーしているわけではないし、つい先日まで実際に存在していたのだから、できないはずはありません。

しかしウェイターはその場を動かず、朝から「面倒くさい客」に当たった自らの不運に耐えるような表情で、さらにこう付け足しました。

「大変申し訳ありませんが、メニューが変わりましたので、このなかからお選びいただけますでしょうか」

問答無用の返答は大けがを招く！

彼が怒ったのは無理もありません。ここは安さで勝負しているビジネスホテルでも、繁華街の定食屋でもありません。毎回高額の宿泊料を払っているのに、こんな小さな希望も問答無用で跳ね返されてしまったのですから。

彼は支配人を呼ぶと、定宿を変えるから預けている荷物をすべてまとめるようにと伝えました。支配人は慌ててウェイターから事情を聞き、新人でまだ教育が行き届いていなかったことを認め、ていねいに謝罪を繰り返しました。

メニューにないものは作れない、という対応は、１００％間違っているとは言えません。中華料理店でフランス料理をオーダーしても無理なのは当たり前です。しかしこのケースはそれには当たりません。

ウェイターは、少なくともそれが本当にできないことなのかを厨房《ちゅうぼう》に行って確認する必要がありました。シェフはきっと快く引き受けたでしょうし、その過程で、この「面倒な客」が実はホテルにとって大変な上顧客であることを周りから教えてもらえたかもしれません。

朝食なんて、高くてもせいぜい数千円。しかし、彼が数か月のうちに使う宿泊費は、数百万円になるはずです。

相手の話を十分聞かずに、自分の都合だけで話してしまう。これはビジネスでもプライベートでも往々にしてあることです。**相手が何かを言っているのなら、まず聞き、意図を理解し、受け止めるというプロセスが必要です。**何事も、いきなり**問答無用で断ってはいけない**のです。

ワシづかみポイント
06
即答は相手の意思を無視することである
まず聞き、理解し、それから話す！

法則 07

話の
おもしろい人は、

「ですよね！」「なるほど！」と
合いの手を入れる

話の
つまらない人は、

「しかし…」「でも…」と
反論する

僕が放送作家になりたての頃、とても困ったことがあります。番組の会議に出ても、自分が何を話せばいいのか見当がつかなかったのです。

出席者はプロデューサーやディレクター、先輩の有名な放送作家たち。僕はまだ駆け出しで、来いと言われたから来てみたものの、頭の切れる人たちがスピーディーにアイデアを出し合うなかで、何ひとつ話にからむことができません。結局、置物のようにただ座っていただけで終わってしまったのです。

落ち込みながら、どうすればこの事態を打開できるか考えました。

そこで思いついたのが、とりあえず、**「ですよね！」**と言うことでした。

Aさんが何かを発言したら「ああ、ですよね！」。続いてBさんが何かを言うとまた「確かに。ですよね！」。**みんなが笑ったら、一緒に笑う。みんなが悩み始めたら、自分も「うーん」と唸る。**

たとえ話の中味がわからなくても、その場の雰囲気を読み、それに合わせて「なるほど！」「はいはい」「おー」「うーん」「そっかー」といった反応を、それこそ0・1秒くらいで繰り出して、とにかく場に参加していることを示そうとしたのです。

話の内容は相変わらず高度でしたが、それでもとにかく反応だけを続けていたら、不思議なもので会議のリズムについていけるようになったのです。

一番えらい人は誰ですか？

こんなことをやっていたら、何回かの会議を経て、プロデューサーや先輩の作家から、「やっぱり君もそう思う?」と話を振ってもらえるようになりました。ただ空気を読んで相槌《あいづち》を打っていただけなのに、「なかなかわかっているじゃないか」と、ポジティブな受け止め方をしてもらえるようになったのです。

今では同じような会議に出ても、新人のときのように困ることはありません。とにかく引き出しの数は増えましたから。それでも、誰かが何かを発言したら、クセのように「ですよね」と合いの手を打ってしまいます。**特に、その場を支配している「一番えらい人」には絶対に反論せず、つねに同調するようにしています。**

カップルや夫婦でも、彼女の機嫌が悪いときには、男が何を言っても火に油を注ぐだけです。そんなときは、話の内容よりも、彼女の機嫌がいいか悪いかを察することのほうがずっと大切です。ダメなときには何を言ってもダメなのですから。

合コンでも、女の子の話を「へー、なるほどねえ」「あー、わかるなあ、それ」と言っているだけで、「この人とは合うかも」なんて思ってもらえることが多々あります。

会議もまったく同じ。全体の雰囲気を支配しているのは、その会議の主宰者、端的に言えば最もえらい人です。

えらい人に向かって「しかし…」「でも…」と返しても相手にされません。たとえグッドアイデアがあっても、雰囲気に逆らったものを出してしまうと、検討もされないまま葬《ほうむ》られるだけでしょう。それどころか「あいつは空気が読めないヤツだ」と嫌われ、ポジションまで奪われかねません。

会社でも、学校でも、合コンでも、まずは雰囲気を読み、「ですよね！」「なるほど！」を使って進行のリズムに乗る練習をしてみましょう。すると自然と会話に入っていけるようになります。

ワシづかみポイント

07

「ですよね！」「なるほど！」を繰り出し続けると、やがて会話に入っていける

法則

08

話の
つまらない人は、

メールを見る

話の
おもしろい人は、

ネイルを見る

せっかくいいアイデアがあっても、プレゼンする相手や参加する会議の主宰者、一番えらい人などの機嫌が悪いときに出してしまっては台無しです。そこで、全体の雰囲気をつかむと同時に、**特定の人物の様子を観察する**ことが大切になってきます。

特に注意しなければいけないのは、大勢が参加している会議などで、全体の雰囲気は悪くないのに、最も重要な人物はムスッとしているケースです。

たとえば、僕たち代理店関係者やクライアントの担当者はノリノリなのに、相手の上司はどうもおもしろくなさそうだというようなシーンです。

そういうときは、いち早く最重要人物の変化に気づけなければ大けがをします。そう、**「一番えらい人」**です。キーパーソンの一言で、その場の雰囲気はすべて覆《くつがえ》ってしまうからです。

そんなときは、議論を性急に前に進めないようにしながら、当人に気を遣い、「あなたが不機嫌なことに気づいていますよ」というサインを出すようにします。

その場で原因がわかれば、それを解決します。その場にいる誰かに問題があるのか、時間が長引いて疲れているのか、空腹なのか、別の仕事や私生活がうまく行っていないのか。どんな問題があるのかを周囲や本人の様子から探るようにします。

「どうして私の好みを知っているの？」と言わせる技術

特定の人物の変化に気づけるようになるには、少しトレーニングが必要です。**意識して定期的にその人を観察し、いつもならどんな状態なのかを知っておき、その上で細かい変化に気づくことです。**

女性ならば、口紅の色やメイクの方向性、ネイルなどの微妙な変化があります。僕は毎日会う人であれば、必ず観察しています。

「あれっ？　佐藤さん、ひょっとしてネイル変えました？」
「そうなの！　このピンクが好みで。でもこれ、2時間もかかるのよ……」

「鈴木部長、ネクタイの雰囲気、いつもと違いますよね。それ、エルメスですか？」
「あはは。ウチも多少はボーナスが上向いてきたからね」

こんな会話をできれば、言うことはありません。

観察をクセにすれば、会議のときの変化にも無理なく気づけるようになります。

また、このプロセスはもうひとつの重要なポイントを含んでいます。**その人のパーソナルな情報を収集できるのです。**

佐藤さんはピンクが好き。鈴木部長は××ブランドが好み。こうしたデータはメモしておけば、後日プレゼントをするときのヒントになったり、雑談や商談をするときのネタになったりします。すると、「どうして私の好みを知っているの？」と相手は驚きます。でも実は、本人が話してくれたことなのです。

周囲の人たちを観察することもなく、会話もせず、メールのやりとりだけでコミュニケーションを済ませていると、肝心な変化を見落としてしまいますから注意してくださいね。

ワシづかみ
ポイント
08

重要人物を定点観測して、変化に気づこう！

法則
09

話の
つまらない人は、

自分ひとりで罪を犯す

話の
おもしろい人は、

相手を「共犯者」に仕立てる

僕は、どんな会話も基本的には**「共犯関係」**を生むために行います。

おもしろいアイデアを思いついても、自分だけの力では実現できません。そういうときは、話すという行動をステップにして、必要な戦力を持つ相手を巻き込んでいこうと考えるのです。

一緒にやろう、力を貸してほしい、手伝ってもらえないかといった説得は、「相手を巻き込む」共犯関係をつくる上で有効なアプローチです。

これは、謝るときや口説くときでも同じ。謝る側と謝られる側、口説く側と口説かれる側も、お互いに共犯関係を築ければ、必ずうまく進んでいきます。

共犯関係になるための２つのポイント

では、どうすれば相手と共犯関係になれるのか。それには、次の2つのポイントが重要です。まず、**「情報」をつねに共有しておくこと**。自分だけが暴走することなく、その都度メールで進捗状況の確認をしておくのです。担当者だけではなく、その上司までCCで情報共有しておくと安心です。

ビジネスの現場において、一番大切なのは、**情報**です。**それを共有すればするほど利害が一致していきます。**

そしてもうひとつ大切なのが**「相手のメリット」を明確にすること。**会話の相手は、通常あなたとは立場が異なります。力を貸してほしい人であれば、あなたよりも力のある人、謝罪ならお客様、口説くのであれば異性、という具合です。

立場の異なる人には、どんな利害が存在しているのか、どこがツボなのか、相手の興味の対象が何かを考えて話を進めていきます。**最も大切なことは、自分に協力すると相手にどんなメリットがあるのかを探しだすこと。**これさえ見つかれば、共犯関係を結びやすくなります。この作業抜きにただ淡々と説明をしても、それは上意下達、一方的な命令と何ら違いはありません。

正社員が自分ひとりの販売店を例に考えてみましょう。肩書きは店長ですが、アルバイトの店員はみな年上で経験が長い人ばかり。本社からは売上目標、コストカットなどを要求されていますが、彼らにどう伝えれば実現できるのかわかりません。

共犯関係という考え方は、このような局面でも有効です。僕なら、こういうときはまず、**お互いの立場の違いをはっきり認識します。**

自分は一応終身雇用の正社員であって、本社からの辞令があればどこの店に行くかもわからない存在。給料を決めるのは本社であり、その元は個々の販売店の成績です。店員たちは学生や主婦、フリーター。問題がなければこの店で働き続ける気でいて、時給は店長の裁量次第です。

そして、店員たちの利害がどこにあるのかを見極めます。時給を上げてほしい、もう少しシフトに余裕がほしい、まじめに働く人とそうでない人の差をつけてほしい、など相手の利害を知って、初めて自分の利害と結びつけた話ができるようになります。「来月さえ乗り切ってくれれば、時給を上げるよう本社に掛け合う」とか、「もう少し採用を増やしてもらおう。友達でいい人いないかな?」などの会話ができます。**互いの利害を結び付けられれば、自分も相手も動きやすくなる**のです。

ワシづかみポイント

09

利害が一致すれば「共犯関係」になれる!
まずは相手のニーズを探ろう

法則
10

話の
つまらない人は、

正解はひとつだと妄信している

話の
おもしろい人は、

正解はひとつじゃないと知っている

話し方の上手な人が絶対にしないことがあります。**相手の意見や問いかけを、即座に否定することです。**

話の上手な人は、相手の意見がどんな内容でも、難しくてもくだらなくても、もちろん自分の意見と合っていようといまいと、**まずはきちんと聞いて受け止めます。**

シチュエーションも、相手との関わり方も一切関係ありません。改まった会議であろうと、打ち解けた飲み会であろうと、友達と遊んでいるときも愛する人とデートのときも、子どもでもお年寄りでも、みな共通です。**どんなことを問われても答えは「そうですね」とか、「そうだね」になるのです。**

相手に対して反論を述べなければならないときは、そのあとで、「でも私は……」という風につないでいきます。そのときも、できるだけへりくだってソフトに言うことがポイントです。

すると、「あなたの意見は間違いで、私の意見が正しい」というとらえられ方ではなく、**「あなたの意見はその通りですね。でも、こんな考え方もありますよ」**という、両方を活かした言い方になります。相手が明らかに間違っているような場合でも、恥をかかせずに軌道修正してもらうことができるわけです。

ここまで読んで、「なるほど、確かにそうしたほうがいいな」とあなたも思えるのなら、ぜひ今この瞬間から、どんな問いかけにも肯定的な返事をしてみてください。

未来は誰にも否定できない

ピンと来ない、納得がいかない、という人には、別の観点から僕が絶対に相手の言うことを否定しない理由を説明しましょう。

僕は、ビジネスでも恋愛でも、正解は多数存在していると思うのです。

もちろん、法律を犯すようなことなら論外です。逆に言えば法に触れでもしない限り、どんな考え方もそれなりに正解なのです。

しかも、僕はコンサルタントです。主にこれから売り出す商品やサービスをどうやって盛り上げていくかという、いわば未来に向かった仕事をしているわけです。そして、おそらく多くのビジネスパーソンがしていることも、あるいは恋愛も夫婦関係も、子育てだって、未来に向かってやっているはずなのです。

未来は、絶対にわかりません。ある人の意見に対して今の自分は否定的な印象しか持てなかったとしても、先読みの能力がなくて、実は1年後は大恥をかくかもしれません。

あるいは、その考えは現時点で大間違いだったとしても、将来世の中のほうが変わってしまい、正解に化《ば》けることだってあり得ます。

未来はわからないのですから、未来において何が正解かもわかりません。正解がわからない以上、法に触れていない限りすべて正解の要素を持っているのです。

実を言うと、僕もクライアントから「野呂さん、それ100%大丈夫なの？」なんて聞かれることがあります。正直言って困るだけです。

話のおもしろい人は、意味なく断定をしません。だって未来は誰にもわからないし、わからないからこそおもしろいんですから。

ワシづかみポイント

10

まずは「そうですね！」と同意してから自分の意見を言おう。正解はひとつじゃない

法則

11

話の
つまらない人は、

まず世界一周をめざす

話の
おもしろい人は、

いきなり月面着陸をめざす

たとえばあなたが本を出すとして、どんな風に説得されたら出してみようと思いますか？
Aさん「野呂さん、今度の本は100万部売ります！　その代わり1年間、原稿執筆を最優先してください！」
Bさん「野呂さん、次回作はまず3万部をめざしましょう！　そこを超えれば5万部、10万部が見えてきますよ！」

Bさんのほうが現実的です。でもグッと身を乗り出すような魅力があるかといえば、そこまでは思いません。
一方でAさんのセリフは「え～？　本当に？」と内心思いながらも、「これは一丁、腹を据えてやるか」という気持ちにさせられます。

相手の心をつかむためには、**もっと「ホラを吹く」くらいの気持ちを持てばいい**のにと思うことがあります。
「ムーンショット」という言葉を聞いたことがあるでしょうか？　途方もない目標と

いう意味で、1961年にケネディ大統領がアポロ計画を発表したことに由来します。

月に人を送り込んで無事に地球に帰還させる。これ、当時の人々にとっては**「嘘でしょ！？」と思うようなぶっ飛んだ計画**です。でも結果的に成し遂げたことはご存知の通り。とんでもない目標をぶち上げるだけの算段と実行力があったわけです。

これがただ言ってみただけで終わったなら、単なるホラ吹き、嘘つきです。僕が言いたいのは、こういう**突き抜けた目標が人々を熱狂させ、無理難題に挑むエネルギーになる**ということ。ケネディ大統領がもし「まずは宇宙服を頑張って作りましょう」なんて少しずつ発表していたら、1969年の月面着陸はもっと遅れていたかもしれません。

だから今でもグーグルなどのイノベーティブな企業は、ムーンショット目標といわれる壮大な計画を最初に掲げるのです。

僕がムーンショットと聞いてパッと思い出すのは、イーロン・マスクです。

彼は「人類を火星に移住させる」と言いました。いやいや、まだ有人探査も実現していないのに、移住って。**現実を知る人ほど無茶苦茶に思えるかもしれませんが、多くの人は「どういうこと？」と興味を惹かれます。**

実際にイーロン・マスクはスペースXを立ち上げ、着々と夢の実現に向かっています。現場の技術者や研究者は苦労しているかもしれませんが、それでも前進させていくパワーが火星移住計画にはあります。

どんなに情熱を注いだプランも、本気でいいと思った提案も、話し方を間違えると相手にはつまらなく聞こえてしまいます。火星移住レベルはさすがに無理だとしても、自分のなかの精一杯のムーンショットをかましましょう。

くれぐれも嘘つきにはならないように！

ワシづかみポイント

11

現実的な話におもしろさはない
ちょっと無茶な目標が心を動かす

CHAPTER 1

ワシづかみポイント

法則01 おもしろいかどうかを決めるのは相手。話し方は相手の「波長」によって変化させよう。

法則02 相手に合わせて言うことを変える。それこそ究極の「お・も・て・な・し」!

法則03 相手の主語で質問を振ろう。オーバーリアクションで反応すれば相手も大喜びする。

法則04 相手より長く話してはいけない。一般論でとっかかりをつくって話題を広げよ!

法則05 あなたには相手に合わせた「配役」がある。それを超マジメに演じてみよう!

法則06 即答は相手の意思を無視することである。まず聞き、理解し、それから話す!

法則07 「ですよね!」「なるほど!」を繰り出し続けると、やがて会話に入っていける。

法則08 重要人物を定点観測して、変化に気づこう!

法則09 利害が一致すれば「共犯関係」になれる!　まずは相手のニーズを探ろう。

法則10 まずは「そうですね!」と同意してから自分の意見を言おう。正解はひとつじゃない。

法則11 現実的な話におもしろさはない。ちょっと無茶な目標が心を動かす。

CHAPTER

2

会話が続く人、続かない人の話し方の法則

法則 12

会話が続かない人は、

『鬼滅の刃』が大嫌い

会話が続く人は、

『鬼滅の刃』が大好き

素敵な異性と出会うことを目的として、こじゃれた公園を散歩させるために犬を飼っている人がいます。

「そんなヤツいるの⁉」って思うでしょ？　本当にいるんですよ。でも、僕は、これはあながち悪いことではないと思います。異性と出会いたいと心で思っているだけで何もやらない人と比べれば、行動が具体的で、アグレッシブです。

いくら「異性と出会いたい」と真剣に思っていても、「私は素敵な恋人を募集中です」とプラカードを掲げて歩いたり、メガホンで怒鳴って歩きまわったりすることはできません。かといって、いくら街や公園を歩いてみたところで、その人が恋人を募集しているかどうかなんてわかりません。

そこで、きっかけを作るためのアイテムとして犬を連れて歩く、というわけです。もしかしたら同じように犬を連れた素敵な異性と出会い、犬同士がじゃれあって離れなくなって、自然と自己紹介のムードに……。実際はおじさんの連れている犬と絡むのがオチかもしれませんが、可能性はあるでしょう。

ポイントは「ひっかかり」をあらかじめ作っておき、相手に見せるのが大切だ、ということです。

「鬼滅」グッズを身につけて、いざ出陣！

ビジネスでもまったく同じ。会ってすぐに相手の心を開かせることができれば、そのあとの商談や交渉はフレンドリーに進んでいくものです。

僕は、どんなにバカにされようが、**流行りものをすぐに入手します。**『鬼滅の刃』やモルカーなどのキャラクターが流行れば、すぐさまそのグッズを注文してバッグに付けておきます。『半沢直樹』が流行れば「倍返し饅頭《まんじゅう》」をおみやげにします。過去にも東京スカイツリーの展望台の入場券はいち早く手に入れましたし、ｉＰｈｏｎｅ５ｓの発売時には新色のゴールドをすぐに手に入れました。

どこに反応するかは相手次第。クライアントの担当者が若い女性なら、鬼滅のグッズに「かわいい！」と反応してくれます。これが単なるくまのフィギュアやぬいぐるみだと、相手はつっこんでいいのかどうか迷ってしまいます。

物静かな人が、ｉＰｈｏｎｅを見て、「どうやってゴールドを入手したんですか？」と質問してきたりもします。そこから会話が広がり、場が和んで段取りもスムーズにいきます。何に反応するかで、相手の嗜好《しこう》も知ることができます。これがきっかけで取引先の人と仲良くなって、友情や恋愛に発展するかもしれません。

会話が続かないと悩んでいるのなら、相手が反応しそうな流行アイテムをあらかじめ用意しておきましょう。すると、勝手に盛り上がって、相手にとってあなたは「おもしろい人」になります。流行りものをぶら下げるだけで会話が盛り上がるなら、こんなに簡単なことはありません。

ときには、用意した「ひっかかり」がすべて空振りに終わることもあります。でも、それなら**また別のものを仕込めばいい**だけの話です。

「流行に乗るなんてみっともない」なんてヤボなことは言わないで。人々が最も反応するのは、今、流行しているものです。「タイム　イズ　マネー」とよく言いますが、**「タイミング　イズ　マネー」**であることも知っておくべきです。

ワシづかみ
ポイント
12

「ひっかかり」は相手の心を開くアイテム
数打ちゃ当たると心得よ！

法則

13

会話が続かない人は、

スキがなくて真面目

会話が続く人は、

「ツッコミどころ」が満載

アイテムによる「ひっかかり」と同様、いわゆる**「ボケとツッコミ」**も、相手の心を開かせる重要なテクニックです。

何もないところから心のハードルを下げ、場を明るくし、しまいには「あなたがいてくれて助かるよ」とさえ言われてしまう、上手なボケ方の基礎を公開しましょう。

「野呂くんっていくつだっけ？」
「最近ヤバくて、今朝測ったら95・5キロでしたよ。もうすぐ0・1トンです」
「体重じゃねーよ！」

そこから、話題は最新のダイエット法に広がっていきます。これは、**「連想ゲーム」**の手法を使っています。「いくつ」という言葉から何を連想するかは自由ですから、ここでは体重にボケたわけです。このシチュエーションでいきなり人の体重を聞いたり聞かれたりするわけがありませんから、相手にもボケだとわかります。

「で、野呂くんって何歳だったっけ？」

「えっと、まあ人間の歳で言えば46歳なんですけど」
「お前人間じゃないのかよ！」
「犬だと11歳くらいになるんですかね？」

何ともベタなボケですが、こういう会話がぐっと雰囲気を盛り上げます。相手が犬を飼っていると、犬の話題に発展するでしょう。やがてこうした会話でひとしきりボケ倒したあと、「やっぱり野呂くんとしゃべると元気が出るなあ」なんて喜んでくれる人も現れるようになるんです（実際、たくさんいるんですよ！）。

ポイントは、**なるべく遠い世界のものを連想すること。**発想が飛んでいると、そのあとの話も広がります。慣れていないと失敗が怖いかもしれませんが、一歩踏み出してみれば難しいことはありません。

おもしろい人は、「つっこまれてなんぼ」と知っている

次は、**「あり得ないこと」「無謀なこと」**を使ったボケです。

「野呂くんって、夢は何なの？」

「僕ですか？　いやーもし生まれ変わったらSixTONESに入りたいですね」

「踊るのかよ！」


もちろん、誰が見たって90キロを超えている僕がSixTONESで踊っている姿は想像できないでしょう。だからこそ、間髪入れず、さも当たり前のような口調で「SixTONESに入りたい」と切り返すボケがおもしろくなります。

最後は、**「変なもの」「流行りもの」**にたとえるボケです。


「あの部長、いちいちトゲがあるよな。なかなかOK出さないし」

「まるで『ドSのあまちゃん』ですよね」

「よくわかんねえよ！」

「みんな、アイデアもそろそろ出尽くしたかなあ」

「いやあ、もはや蜜の出なくなった壇蜜みたいなもんですね」

「壇蜜は蜜出さねえだろ！」


「私、誰かに似てるって言われるんです。誰だと思います？」

「うーんそうだな、3時のヒロインのなかから選ぶとすると……」

「ちょっと待って！　なんでそこから選ぶんですか！」


「いやあ野呂さん、今日のファッション決まってますねー」

「あはは、56番目の日向坂って言われますよ」

「1票も取れないでしょ！」


「野呂さん、今何時でしたっけ？」

「ああ、グリニッジ標準時だと午前6時45分ですよ」

「面倒くさいですよ！」

韻《いん》を踏んだり、ダジャレを取り入れたりしてみる。流行のタレントやグッズにたとえてみる。たとえる世界をいきなり広げたり、いきなり狭めたりしてみる……などなど、小ワザはいくらでもあります。

ただしマニアックすぎるものには走らず、**みんなが知っている共通言語にとどめておく**のが無難です。そうしないと、知らない人が白けてしまいます。災害や宗教、人種、戦争などにたとえるのもマナーとしてNGです。

的確にとらえなければならない必要はありません。堅苦しさをなくして会話がおもしろくなれば、あなたの勝ちです。

おもしろい人は、つっこまれてなんぼだと僕は思います。そんなのわかっているよ、というレベルまで下がることを恐れないこと。どこまで相手をおもしろがらせるためにボケられるか、それが話を盛り上げるポイントです。

ワシづかみ
ポイント
13

「ボケ」が相手の心を開く
連想ゲームの要領でどんどんボケてみよう！

法則
14

会話が
続かない人は、

天気の話をして退屈がられる

会話が
続く人は、

意表をついて驚かせる

本題に入る前に、軽く雑談をして相手の様子をうかがい、場の雰囲気を和ませるというのは、多くの人が普段からやっていることでしょう。しかし、初対面の相手には、いったいどんな話をすればいいのか困ってしまうケースが大半です。

そこで、世の中にはこんな常套《じょうとう》手段があります。そう、「まずは天気の話から入る」というアレです。すっかり暖かくなりましたね。夏ももうすぐ終わりですね。風がずいぶん冷たくなってきましたね。いやー、寒いですね……。

僕は正直、こんな言葉をかけてくる人は退屈で仕方ありません。

会話を続けたいのなら、天気の話は絶対にしてはいけません。なぜなら相手は、「そうですね」としか返しようがなく、話の広がりようがないからです。**会話のきっかけは、それをとっかかりにして話が広がる可能性のあるものでないといけません。**

天気の話をカワザでおもしろくする方法

しかし、**天気の話であっても、おもしろくできて話を広げられる自信があるなら、しても構いません。**そんな退屈なネタを、力ワザでおもしろくすることも可能です。

ゲリラ豪雨に当たったら、僕はわざとズブ濡れになって現れ、ウケを狙います。インパクトはとても大きいし、何より同情してもらえます。もしかしたら、一生覚えていてくれるかもしれません。

また、連日猛暑が続いていたある真夏のこと。いい加減「暑いですね」という挨拶《あいさつ》も食《しょく》傷《しょう》気味でした。そこで、あるクライアントを訪ねる前に近所のコンビニに飛び込み、仕込みを行いました。

アポイントメントの時間になり、挨拶を交わします。「いやー、今日も暑いですね」。もちろん相手は、「そうですね」としか言いようがありません。

そこで、**「あまりに暑いんで、そこのコンビニで全部買い占めてきちゃいましたよ」と言いながら、袋いっぱいの「ガリガリ君」をおみやげに差し出しました。**30本くらいあったでしょうか。

相手はびっくり。「ちょっと野呂さん！　何やってんですか!?」

僕はすました顔で「いやー、ガリガリ君食べるとなかなか冷えますすよ。1本いかがですか？　コーンポタージュ味、意外にイケますよ」なんて言って食べはじめるのです。

30本もあったら当事者だけでは食べきれませんから、オフィスのほかの人にも配ります。これは、だいぶ盛り上がります。その相手にとって僕は「ガリガリ君を買い占めたヤツ」として、伝説になっているようです。冬なら**「ホカロン100個」**とかでもいいかもしれませんね。

天気の話でもちょっとお金を足すだけで、大きなインパクトを与えられるのです。

ワシづかみポイント
14

「とりあえず天気の話」はNG！　するならガリガリ君30本とセットで

法則 15

会話が続く人は、

ググる

会話が続かない人は、

グチる

さすがに猛暑は何か月も続きませんし、毎回ガリガリ君を持っていくわけには行きません。たまにやるから意表をつけていいわけです。

そこでここでは、日頃からできる雑談の上手な仕込み方を考えていきましょう。

大切なことは、相手に関するポジティブな話題を振っていくことです。方法は簡単。まずは**SNSや検索エンジンで相手についての最新の話題を調べます。**前回の訪問から1か月たっているのなら、その1か月間に絞って検索結果を抽出《ちゅうしゅつ》してみます。

すると、いくつか知らなかった情報やニュースを目にするはずです。そのなかからネガティブなトピックスは見るだけにして、**ポジティブなものだけをメモしておきます。**打ち合わせの場では、こんな形で振ってみます。

「そういえば先日、○○社と共同のリリースが出ていましたね」

「新聞に御社の記事が出ていましたね。あんな新分野に取り組んでいたんですか？」

すると、こんな答えが返ってくるはずです。

「おっ、チェックしてるねえ。ここだけの話、あれは社長の鼻息が荒いんだよ。予算も増額されるらしいぞ」
「あーあれね、○○事業部マターの話なんだけど、社内的にはお手並み拝見っていう雰囲気ですよ」

ポジティブな話題ですから相手は悪い気分にはなりません。ひょっとして思わぬ内部事情を教えてくれるかもしれません。何より、相手に**「あ、こいつ勉強しているな」**という印象を与えることができます。

雑談のネタをちょっと仕込んでいくだけで、いろいろな効果を期待できるのです。

勉強している人間には、相手も見返りをくれる

もし訪問先が上場会社なら、必ず業績や株価をチェックしておきます。最近の収益はもちろん、ここ半年、1年くらいの推移も見ておきます。スマホさえあれば、移動中の電車でも、受付で相手を呼び出して待っている間でも可能です。

好調であれば、次のように積極的に話題に出してみます。

「最近、御社の業績は好調ですね。何がプラス要因になっているんですか？」

こんなフリでも、新しい知識や情報を教えてくれるかもしれません。

もう少し余裕があれば、その企業が発表しているプレスリリースや、ライバル企業の株価などもチェックしておけば完璧でしょう。

よく勉強する人には、相手もそれなりに応えようとしてくれるもの。

何も話題が浮かばないからと、会社や上司の愚痴を言う人がいますが、それぐらいなら、いきなり本題に入ったほうがマシです。愚痴や悪口ばかりを言えば、「こいつ使えないな」と思われ、避けられるだけなのです。

ワシづかみポイント
15

最新ニュースや株価は絶対にチェックすべし
ちょっとした準備が、自分への好印象として返ってくる！

法則 16

会話が続く人は、

本題の前にリスクを犯さない

会話が続かない人は、

本題の前にリスクを犯す

僕が考える「会話がヘタな人」の典型は、**質問調の言葉を挟んで、いちいち同意を求めてくる人**です。たとえば、こんな感じです。

「株価は上がってますけど、景気がいいって実感できないですよね」
「出版界も本が売れなくて大変じゃないですか」
「やっぱり、東日本大震災以降、エネルギー問題は心配じゃないですか」

個人的には、イラッとして、「いえ、別に心配じゃないですけど」と言い返したくなってしまうのをグッと我慢します。

僕のイライラはともかく、**この種の話し方が決定的にまずいのは、本題に入る前に反論されてしまうリスクがあることです。**

本来聞くべき必要のないところで不用意に同意を求めて反論されてしまうことで、そのあとで展開したい本題と噛み合わなくなってしまうのです。これによって結論を導こうと思っていた本来のシナリオは、早々に崩れてしまいます。最悪の場合、会話はこれだけで、ジ・エンドです。

なぜ、「〜じゃないですか」は、人を不快にさせるのか？

このワナによくハマっているのが、セールスを担当している人です。たとえば保険の勧誘では、本題に入る前にこんな会話が交わされることがあります。

「野呂さん、今はいいとしても、やはりいざ病気になったら困るじゃないですか」

「そういう人もいるかもしれませんが、僕は別に困りませんが……」

こんな前フリなら、むしろ直球でぶつかって「野呂さん、ぶっちゃけ保険はどんなものに入っていますか？」と聞いてくれたほうがよほどスッキリします。

僕に保険そのものに入る意思がなければそれを伝えるだけですし、今入っている保険と同じような内容で保険料が下がるのなら、数字を比較検討するだけです。営業マンとして見た場合、こうした割り切った話ができる人のほうを、僕は信用します。

「〜じゃないですか」という言葉でいちいち同意を求めたくなるのは、小さなイエスを積み重ねていけば、最終的な目的に対してもイエスと言ってもらいやすくなるからでしょうか。しかし、そんな戦術にひっかかってくれるのは、相手のレベルが低い場合だけだろうと思います。

あるいは、自信がないため、いちいち同意を求めなければ不安で先に進めないというパターンです。

いずれにしても、この種の問いかけにうんざりしている人にとって、相手にビジネスのセンスを感じることはまずありません。自分も自信がないことを、言葉尻でフォローすることなど、決してできないのです。

「〜じゃないですか」は、案外多くの人が無意識に、クセのように使いがち。ビジネスシーンでは、相手の小さな同意を導きだして結論を誘導しようとするくらいなら、いきなり本題に入ったほうが、お互いにスッキリするものです。

ワシづかみポイント

16

本題に入る前にリスクを犯してはいけない！
同意を求める「〜じゃないですか」はNGワード

法則 17

会話が続かない人は、

いきなり「本題」に入る

会話が続く人は、

「前フリ」から入る

災害報道は、テレビメディアが最も大切にしている分野のひとつです。被害の様子や規模をリアルタイムで目で確認できるのは映像メディアだけ。大雨で増水し、今にも堤防が決壊《けっかい》しそうな川がテレビに映し出されたら、流域の人に、急いで避難を呼びかけたくなります。緊急時には、言葉で伝えるよりも現地の映像を見てもらったほうが話が早い。そこで早速中継を挟むことにしました。

スタジオから中継映像に切り替える際には**「それでは、先ほどはん濫危険水位を超えた○○川の△△橋付近から中継でお伝えします」**などの「フリ」が入ります。ちなみにフリとは、放送で本題に入るためのつなぎとなる前置き、導入を言う業界用語です。実はこれが、極めて重要な役割を果たしているのです。

試しに、テレビの災害報道を音声を消したまま見てください。何のフリもなく増水した川の映像を見せられても、特に危機感もなく「この泥沼はどこだろう？」と思ってしまうでしょう。

何気なく受け取っているフリが、実はそのあとに入ってくる情報のイメージを決定づけているのです。古ぼけた家の映像をただの空き家と感じさせるか、「江戸時代に建てられた幽霊がよく出るらしい屋敷」と感じさせるかはフリ次第なのです。

絶対に失敗しないデートの誘い方がある!?

本題の前にフリをつける理由は、そのあとで出てくる情報にあらかじめ意味付けを行うことです。

わかりやすく言えば、**「期待感」を持ってもらう**ことです。

異性を食事に連れて行く場合、「じゃあイタリアンでも食べる？」なんて誘い方は退屈ですし、そのレストランが本当に美味しいのであれば、もったいない話です。「何を食べるか」という本題しか伝えていないため、ほとんど期待感がないのです。

「この近くにうまいイタリアンレストランがあるんだけど行かない？」なら、多少は改善されます。少なくとも美味しいというポジティブなイメージは伝えていますから。

でも僕なら、こんな言葉にします。

「この近くにすごく美味しいイタリアンレストランがあって、イベリコ豚のソテーが口に入れたら5秒でとろけるくらいの絶品なんですよ」

「この近くのイタリアン、女優の◯◯さんが行きつけの店らしいですよ」

こうして「フリ」を入れることで、相手は期待を膨らませ、勝手に想像力を働かせてくれます。これで、相手はあなたの誘いを受けてくれる確率が上がります。

これはビジネスでももちろん有効です。

「1000人のモニター調査で97％が美味しいと言った新商品が来月発売です」

「ここは芸能人がたくさん住んでるマンションなので、物件としては価値があると思いますよ」

など、本題に入る前に、相手にポジティブなイメージを持ってもらえるフリをつけるようにしてみてください。

ワシづかみポイント

17

前フリは相手の想像力にアクセスするテクニック

本題の前に期待感を膨らませよう！

法則 18

会話が続かない人は、

自分のキャリアで最大の栄光を話す

会話が続く人は、

自己紹介で過去１年以内の実績を話す

何度も会っている相手であれば、相手に合った話題やアイテムを準備することができますが、初めて会う相手にはそうもいきません。初対面で何より大切なのは、**自己紹介**です。

自己紹介の最大のポイントは、相手にとって自分は付き合うメリットがある人間だと思ってもらうことです。ビジネスでも、男女の付き合いでも、自分に何らかの利益をもたらす人間でないと付き合ってもらえません。

ビジネスシーンであれば、自分と付き合うとどんないいことがあるのかを知ってもらうために、これまで手がけてきた仕事の実績を中心に、自己紹介を組み立てていくことになります。

その際、僕は自分に課しているあるルールがあります。僕はそれを**「1年ルール」**と呼んでいて、**「自分の過去の栄光に触れるのは、1年以内の実績に限る」**という自主規制です。

現在取引をしている会社の名前を出す際も、人目に触れているプロモーション、プロジェクトの名前を出す際も、過去1年間に限ります。それよりも前のことは、どんなにすごいことであろうと自分からは表に出しません。

条件を厳しくしすぎだと思うでしょうか。でも僕は、むしろその決まりを破って過去の栄光を語り始めたときの自分を想像すると、ぞっとします。

どんなにすごい話であろうと、それが2年前、3年前のことだったとしたら？　僕が聞く側なら、それ以降この人は現在まで大した仕事をしていないんだな、と推察してしまいます。ましてや10年前、20年前の話をされたら……。相手が誇らしげであればあるほど、痛々しさが増していきます。

「相手が知らない実績」をうまく説明できればチャンス到来！

あまりに直近のことだけに限ってしまうと、相手から「それ見たことあります」と反応してもらえるチャンスが減ってしまうデメリットもあります。今、テレビで大きく展開しているキャンペーンに関わっていると言っても、「いやあ申し訳ない、最近テレビを見ていないので、存じ上げないんですよ」と返されてしまうことは、決して少なくありません。

でも僕は、相手が「知らない」くらいのほうが好都合だと思います。**自己紹介は、**

自分に対する相手の期待値を上げるために行うもの。まだ知られていないのであれば現時点での期待値はゼロで、あとは上げるだけです。そこで、実はこのＣＭはどんな仕掛けになっているか、とか、○○新聞が取材に来て、といったポジティブな情報を投げていき、期待値の上昇を試みます。

関心を持ってくれる人であれば、そのＣＭについて僕に質問をしてきます。こうなると、将来的に良い関係を築ける可能性が高くなります。そこで、ＣＭの資料や、取材された新聞・雑誌の記事を見せ、興味をさらに深めてもらいます。

そのうち相手も自ら調べるようになり、ＣＭやキャンペーンの仕掛けの内容や、予算、期間などを聞かれることが増えてくるようになれば、僕の自己紹介は大成功です。変な虚勢を張るのではなく、まさに今どんな仕事をしているのかだけにこだわっているからこそ、相手も真剣に検討してくれるのです。

ワシづかみポイント

18

自己紹介での実績披露は過去1年以内まで
過去の栄光より最新情報を説明しよう

法則 19

会話が続かない人は、

「高級アイス」だけを手みやげにする

会話が続く人は、

「高級アイス＋〇〇」を手みやげにする

僕は、相手の意表をついたり、びっくりさせたりすることこそ、心を和ませ、気持ちを開いてもらえる最高のおもてなしだと考えています。どうすればあの人の意表をつけるか、どうすればこの人に最短距離で心を開いてもらえるかをいつも考えていて、仕込みや仕掛けを行っているわけです。それは、訪問先には必ず手みやげを持って行くことがマナーであるのと同様、僕にとっては欠かせないプロセスです。

思うように会話が弾まないと悩んでいる人は、「どう話せばいいのか」ばかりに意識がいきがちです。でも、そもそも相手がどんな反応をするのかわからないので、予測やシナリオの作りようなんてありません。

そこで、発想を変えてください。**どんな話になってもうまく行くような「場」を作るようにするのです。**

成功例を紹介しましょう。ある企業との会合に、蝶ネクタイで出かけてみました。

「野呂さん、何、その蝶ネクタイ?」

「いやーある人が蝶ネクタイしているのを見たらかっこよかったので真似してみたんですけど、変ですかね?」

「似合わないよ（笑）」

「じゃあ、○○部長、代わりにちょっとやってみます？　写真撮りましょうよ」

「え！　俺！　いやー、俺も似合わないと思うなあ」


準備は蝶ネクタイひとつ。こんな調子で、10分間くらいみんなで笑っていました。

ガリガリ君、再び

もう少し手の込んだ準備をしていくことも。僕のクライアントさんに、セレブな方々が勢揃いしている企業があります。そこで、高級で知られるジャン＝ポール・エヴァンのアイスクリームを手みやげに買っていくことにしました。カップのアイスクリーム6個セットで、なんと5000円近くします。

でも、これだけじゃ、ちょっと芸がない。かと言って、今回は大量に買うとさすがに高すぎる。さて、どうやっておもしろくするか……。

そこで思いつきました。コンビニに入って、「ガリガリ君」を買います。「また大量買い？」と思ったでしょ。いや、今回は違います。**ガリガリ君を6本買って、ジャン＝ポール・エヴァンの袋の中に「保冷剤」として詰め込んだのです。**超高級アイスと超庶民的アイスの夢のコラボ！　かたや6個で5000円、かたや6個で500円！

「いつもありがとうございます……って、ちょっと野呂さん、なんですかこれ⁉」

「いやあ、ガリガリ君は保冷剤のつもりなんですよ」

なんだなんだ、とワイワイ人が集まってきます。俺は庶民だからガリガリ君だなあ、とか、久しぶりだから僕もガリガリ君をいただこう、と大いに盛り上がり、やはりみんなが和んでいきました。ずいぶんインパクトが大きかったみたいで、しばらくの間は会うたびに言われたほどです。

僕は手みやげや差し入れを欠かしません。お世話になっている人たちをねぎらいたい、という思いがあるのと同時に、それで気持ちがつかめるなら費用対効果がとてもいいからです。そこに、さらにサプライズを上乗せしていけば忘れがたい印象を与えられます。

いつも心にサプライズを！

ある女性の誕生日パーティーを、僕が仕切ったときのことです。

まず、馴染みのレストランに頼んで、料理やデザートを特別にアレンジしてもらいました。そこまでなら当たり前の話ですが、おかしなことに、パーティーがはじまっても幹事である僕の姿がどこにもありません。やがて、彼女もそれに気づきます。

「今日は野呂さんに仕切っていただいているんですよね。彼はどこにいるんですか？」

「それが、野呂さん、急に都合が悪くなって来られないらしいんですよ」

「そうですか……」

もちろん、これは周囲とあらかじめ打ち合わせたシナリオ通りの流れです。いよいよバースデーケーキの登場です。「パティシエ自らケーキを運んで、皆様にご挨拶します」とアナウンスしてもらいます。

ゴロゴロと大きなケーキを運んできたパティシエが彼女の前に来ると、ハッピー

バースデー！ と大声をあげます。よく見ると、それは僕の扮装《ふんそう》でした。「今日のケーキは僕の手作りです！」と高らかに宣言しましたが、「そんなもの食えるか！」と一斉につっこまれたのは言うまでもありません。彼女は大喜びでした。

本業でサプライズをすることこそビジネスパーソンの真骨頂《しんこっちょう》です。しかし、こうした日頃のサプライズ、意表のつき方は、自分が「いかに使えるか、おもしろいか」を表現するショーケースであり、格好のサンプルなのです。

何より、単純に目の前にいるいつもお世話になっている人をびっくりさせるのは、とても楽しいものです。話が弾まないわけはありませんし、万が一盛大に滑《すべ》っても、滑り方が派手ですからそれはそれで話のネタになります。

手みやげを持っていく誠実さに、いくつかのサプライズを加えるだけで、あっという間に特別な「場」を作れるのです。

ワシづかみ
ポイント

19

意表をつこう！ サプライズを仕掛けよう！
相手を楽しませ、自分も楽しむ「場」を作ろう！

法則
20

会話が
続かない人は、

会社の話をする

会話が
続く人は、

自分の話をする

ビジネスにおいてよくありがちな、話し方のまずい例があります。自分の話ではなく、**会社の話ばかりをするパターン**です。

弊社《へいしゃ》では、私どもは、手前どもは……そんな話を聞かされると、正直うんざりします。会社なんて、しょせん器《うつわ》です。目の前にいるあなた自身がどんな人間なのか、○○株式会社にいるあなたはどんな実績や力を持ち、今後どのような方向に進もうとしているのか、それを聞かないことには、何も話しようがありません。

「当社は○○プロジェクトを展開していまして……」（展開しているのは御社の経営者であって、あなた自身ではないよね？　あなたはそのなかで何をしているの？）

「最近では○○がヒットしていまして……」（それ、別の方の手柄ですよね？　あなた自身は関係ないのではありませんか？）

「手前どもは1900年の創業でして……」（そんな昔のこと、今と何の関係があるの？そもそもあなたも僕も、そのとき生まれてないでしょ！）

もちろん、そういう思いは口には出さず、心にとどめておきます。でも本当は、声を大にして言いたい。

「会社のことはどうでもいい！　あなたは『誰』ですか？」と。

ビジネスにおいて、まず紹介しなければいけないのは、何よりも**自分自身**です。ピンとこなければ、法則のつもりで、**「会って最初に会社の話をするな！」**と覚えてください。会社の話は、関係ができてからすれば十分です。

例外的に、会っていきなり会社の話をしてもいい人がいます。それは経営者です。とりわけ創業経営者は会社と一体です。ソフトバンクは、ある意味、孫正義さんそのものでしょう。

野球場でビールを売れますか？

野球場でビールを売っている売り子さんとお客さんとの関係をイメージしてみてください。彼女たちは、自分からビールを買ってもらうために、実はさまざまな工夫をこらしています。

かわいい目印をつけたり、歩く速度を変えてみたり、四方に目を配ってアイコンタクトをしてみたり。なかにはトークがうまく、いつも買ってくれる馴染《なじ》みのお客さんをつかんでいる人もいます。自分を上手に売り込んでいるのです。お客さんのほうも、売り子さんの顔を見に、友達まで連れて球場にやってくるようになります。

では、その売り子さんが、自分からビールを買ってくれた初めてのお客さんに、キリンビールの由来や、ヱビスビールの美味しさの秘密をさも自分のことのように語ったとしたら、はたして購買意欲を刺激されるでしょうか？

いきなり会社を語り始める行為とは、そのくらい痛々しいことなのです。

ワシづかみポイント 20

聞きたいのは「あなた自身」のこと
売り子はビール会社を語ったりはしない！

法則
21

会話が続く人は、

「街」からネタを集める

会話が続かない人は、

「インターネット」からネタを集める

「野呂さんは、どこでネタを集めているんですか？」とよく質問されます。新聞や雑誌は何をチェックしているのか、知る人ぞ知るようなまとめサイトやＳＮＳのネタ元があるのか、などと聞かれます。

もちろんそうしたソースをチェックして会話のなかに混ぜていきますが、おもしろネタとして仕込むものは、**自分で見聞きした、自分の周りにあるものだけを使う**ようにしています。と言うより、**おもしろいネタはつねに自分の周りにある、**と断言してしまってもいいでしょう。

どうやって自らの体験のなかからおもしろいネタを拾い上げていくのか。その鍵になるのは、**自分の頭に浮かぶ疑問や違和感**です。

これってどうしてこうなのかな？　これって変じゃないか？　これって何だろう？　つねに疑問や違和感を意識するようにして、探り続けていくのです。

最初は戸惑うかもしれませんが、簡単なトレーニングをすることですぐに「回復」可能です。なぜ回復かというと、誰だって子どもの頃は好奇心の塊《かたまり》で、つねに疑問や違和感を持ちながら、答えを探る日々を過ごしていたはずだからです。それを取り戻すのです。

中高年の女性が髪をムラサキに染める理由とは

トレーニングは、**外に出て、違和感を探してみる**ことからはじめます。


なぜ、このビルは外壁を黄色にしたのだろう？

どうしてハイヤーは黒なのか？　もしも金色だったら、どう見えるだろう？

はとバスを2階建てにした人は誰なのか？　天井にハトの巣をつくればいいのに。

どうして女性は年をとると髪の毛を紫に染めるのか？　紫にして得があるのか？

あのおじさんは、なぜ、ハゲているところはツルツルなのに、残っている髪の毛はフサフサなのだろう？　その境界線には何が存在しているのか？


こんなことを考えながら歩いているだけで、いろいろなネタが浮かんできます。あなたの考える「標準」からはみ出しているもの、あなたが所属していないジャンルや組織、あなたと性別や年齢が違う人たち、普段は行かない場所。そうしたところには、違和感を得られるものがたくさん存在しているはずです。

慣れないうちは、テーマを決めてもいいと思います。

今日はラーメン屋だけに注目する。男性の髪型だけを見続ける。マンホールをひたすらチェックする。

するとそこで湧いた疑問が思わぬ方向に広がったり、別の疑問へとつながったりします。散歩するだけでも、おもしろいネタがたくさん集まってきそうでしょ？

こうしてネタを集めたら、会話のなかでどんどん披露してみましょう。

ネットやマスコミの情報に頼る人のありがちな勘違いは、そんな他愛もない、答えも出せない疑問なんか持っていても仕方がない、というものです。

僕は正反対の考え方です。この種の疑問や違和感を持っても、たしかに答えは見つからないものも多いでしょう。しかし、明確な答えがなくても、**オリジナリティに満ちた自分の体験を語れることこそが、あの人はおもしろい、と思われる源になるのです。**

ワシづかみポイント

21

テレビやネットよりもあなたが見聞きした話が一番！
ネタは違和感や疑問をきっかけに集めよう！

法則

22

会話が続かない人は、

自分の好きな曲をかける

会話が続く人は、

相手の好きな曲をかける

気になっている彼女とデートに向かいます。一度目のデートはうまく行きました。その証拠に、今度はドライブに出かけることを快諾してもらえました。

でも、どこに行こうとも車は2人だけの密室です。会話が途絶えてしまうとかなり気まずいですし、渋滞にでもハマればたちまちテンションは落ちます。こんなとき、どうすれば無理なく会話を続けることができるのか。

相手の好きなものをリサーチしよう

雰囲気を盛り上げるものといえばやっぱり音楽です。そこで、**事前に彼女のFacebookを確認して、彼女が好きなアーティストの音楽をダウンロードし、一応一通り聴いて、ウィキペディアやニュースでも予習しておきます。**

あとは、ちょっと間の伸びた頃合いを見計らって「音楽かける？」と切り出せばいいだけ。他人の車のなかで、思いがけず自分の好きな音楽が流れてきたら、びっくりするでしょうし、とてもうれしいものです。彼女のテンションも上がり、気を遣ってくれたことへの感謝の気持ちが生まれること間違いなしです。

ようは、**事前のリサーチが大事**なのです。ビジネスシーンでも、学校でも、デートでも同じ。大切な相手の趣味や好みを調べておいて、タイミングを見計らって伝家《でんか》の宝刀《ほうとう》のように振り下ろすのです。

Ｆａｃｅｂｏｏｋが便利なのは、相手が自分の趣味や嗜好を公開してくれていることです。プロフィールを見れば簡単にわかるのですから、こんなに便利なものはありません。Ｆａｃｅｂｏｏｋに登録していなくても、ツイッターなどでもある程度は調べられるはずですし、共通の友人に聞くなど方法はいろいろあるでしょう。

僕のところにはさまざまな出版社の編集者がやってきますが、彼らはみんな僕のＦａｃｅｂｏｏｋを見てから会いにきてくれます。

「野呂さん、昨日、飛行機に乗り遅れたでしょう。あのあと、どうなったんですか？」
「そうなんですよ。いやー、困りましたよ。でも、実はあのあとね……」

なんて会話につながるわけです。これも編集者が僕のことをリサーチしてくれているからこその会話です。

ＳＮＳに限らず、**普段から会話のなかで好きなモノを聞くようにして、リサーチを怠らない**ようにしておきます。

大事な顧客が司馬遼太郎を好きだとわかれば、１冊くらいあらかじめ読んでおくことです。

「遅ればせながら、この前初めて１冊読んでみたら、おもしろくてハマりそうです。次は何を読んだらいいですか？」と聞けば、気が済むまで気持ちよく話をしてくれるはずです。

何も難しいことはありません。**事前のリサーチさえしっかりやっておけば、会話が続くどころか、相手が勝手に話して、勝手に気持ちよくなってくれます。**

あとは、「なるほど！」「勉強になります！」と繰り返していれば、いつの間にか相手にとってあなたは「会話がおもしろい人」になっているわけです。

ワシづかみポイント

22

事前のリサーチで、相手が喜ぶ伝家の宝刀を準備しておこう！

法則
23

会話が続く人は、

『こち亀』に学んでネタを盛る

会話が続かない人は、

『ワンピース』に学んで白けさせる

おもしろいネタ、相手が喜ぶネタを見つけたら、次はそれを**定番化する**ことをおすすめします。つまり**「鉄板ネタ」として、使える限りストックしておくのです。**

ここで大切なのは、多少話を盛ったり、ちょっと盛り上がりに欠ける部分は別の話からパクったりしても構わない、ということです。

僕は15社ほどのクライアントと付き合っていますが、その関係者同士は知り合いではありませんから、おもしろいネタを仕入れてストックしたら、10回から15回程度は使い回すことができます。というより、使いながら反応を見て、さらにアレンジを加えていくケースが大半です。

どうやって話を盛ればいいのか。そのヒントは、人気マンガ『こちら葛飾区亀有公園前派出所』（通称『こち亀』）の主人公・両さんにあります。

このマンガのおもしろさの秘密は、何でしょうか？　葛飾区の交番の話なのに、物語のスケールがはちゃめちゃに大きくなっていくこと。警官なのに型破りで破天荒な性格、お金をギャンブルや趣味に使ってしまっていつも金欠であるという弱点があることなどなど。**おもしろくなる舞台設定と、お決まりのツッコませどころがそろっているからこそ、『こち亀』はいつ読んでも楽しいのです。**

『こち亀』に学ぶネタの盛り方

自分の日常生活の周辺で見聞きした内容からネタを作ってみたけれど、もうひとつ弱いと思うのなら、こうした**「両さん」的要素を盛ってみる**といいでしょう。

オリジナル：あるお金持ちから聞いた話。その人が子どもをカナダの全寮制の学校に入学させたら、同級生がみな超大金持ちでびっくりしたんだって。なかには入学祝いにフェラーリを買ってもらって、寮の駐車場に停めている人もいるそうですよ。

盛ったあと：あるお金持ちから聞いた話。その人が子どもをカナダの全寮制の学校に入学させたら、同級生がみな超大金持ちでびっくりしたんだって。なかには入学祝いにフェラーリを買ってもらって、寮の駐車場に停めている人もいる。で、それを見た別の金持ちの息子が悔しがって、フェラーリを3台買って対抗したんだって。そしたら笑えるのが、車に全然興味がないアラブの石油王だかの息子が、「お前は日本人だろ？　俺はフェラーリなんかには興味がない。日本の電車に乗ってみたいよ」って言うから、ああ、日本に来たらいつでも案内してやるよって言ったんだ。すると石油王の息子はそれまで待てないということで、早速親父に「僕、電車に乗ってみたい」とせがんだんだ。そしたら親父が「ああわかった。電車は買ってやるけど、線路はどうするんだ？　あれをカナダに敷くのはちょっと面倒だぞ」って言ったんだって！　石油王すごい！

僕なら、両さんに学んでこのくらいまで話を盛ってストックします。**笑わせられれば、それでいいのです。**

ただ、同じジャンプ系の作品でも、『ワンピース』は参考になりません。というのも、人間は誰も手なんか伸びませんから。『ワンピース』が好きな人以外には話の展開のしようがないのです。

ワシづかみポイント

23

おもしろくなるようにどんどん話を盛って、鉄板ネタとしてストックしよう！

法則
24

会話が
続かない人は、

メールを何通も送る

会話が
続く人は、

チャットを駆使して雑談する

僕はコミュニケーションは努力だと思っています。そして努力の基礎はプッシュです。

リモートワークが普及し始めた頃、企業ではこんな声が出ていました。

「雑談がしにくくて、ちょっとした相談ができない」

わざわざ電話するのも申し訳ないし、雑談レベルの相談でいちいちオンラインミーティングを設定するのも無駄な気がする……そんな気持ちもわかります。

そんなとき僕はチャットを駆使します。チャットワークでもスラックでも、Facebookのメッセンジャーでも、ツールならいくらでもあります。

僕の仕事相手には、直接お会いしたことがない人が100人以上いますし、外国人も少なくありません。みんなとチャットしていたら、とんでもない量になります。

でも**会議に出かけて行ったり、オンラインミーティングの時間をとったりすることに比べたら、はるかに楽**です。見た目に気を使う必要もないし、なんならパンツを履いていなくたっていいわけです。

「野呂、パンツを履かずにチャットしていただろう！　けしからん！」

なんて怒る人はいません。

まあパンツの話は置いといて、要するに**そのくらいの労力でできることなら、積極的にやるべき**だというのが僕の考えです。

雑談はちょっとした相談事の解決に使えるのはもちろんですが、**本質的な価値はセレンディピティにある**と思います。

みなさんは仕事で行き詰まっているときに、まったく関係のない人とのふとした雑談で、ハッと解決の糸口をつかんだ経験はありませんか？　頭の片隅がピピッと反応する、ひらめきの瞬間です。

そんな偶然がもたらすハッピーな出会いや発見がセレンディピティです。

仕事の環境がどれだけデジタルになっても、僕の周りにはセレンディピティが溢れています。たとえばＣｌｕｂｈｏｕｓｅはセレンディピティの宝庫です。

僕がある経営者の方と話していたら、メディアの人がわーっと集まってきたり、AI収穫ロボットで農業改革をめざしている人が入ってきたり、乱入者だらけです。そんななかには僕が愛読している雑誌の編集長なんかがいたりして、もう大ラッキー！　予定不調和に次々起こる出会いは感動的ですらあります。嬉しくて僕からメッセージを送ったら、ちゃんとお返事をいただけました。

リモートワークでもツールを使えば雑談はいくらでもできます。**やるか、やらないかだけ**です。

ワシづかみポイント

24

雑談はチャットでいくらでもできる
新しいツールをおもしろがってみよう

CHAPTER 2

ワシづかみポイント

法則12 「ひっかかり」は相手の心を開くアイテム。数打ちゃ当たると心得よ!

法則13 「ボケ」が相手の心を開く。連想ゲームの要領でどんどんボケてみよう!

法則14 「とりあえず天気の話」はNG!　するならガリガリ君30本とセットで。

法則15 最新ニュースや株価は絶対にチェックすべし。ちょっとした準備が自分への好印象として返ってくる!

法則16 本題に入る前にリスクを犯してはいけない!　同意を求める「～じゃないですか」はNGワード。

法則17 前フリは相手の想像力にアクセスするテクニック。本題の前に期待感を膨らませよう!

法則18 自己紹介での実績披露は過去1年以内まで。過去の栄光より最新情報を説明しよう。

法則19 意表をつこう!　サプライズを仕掛けよう!　相手を楽しませ、自分も楽しむ「場」を作ろう!

法則20 聞きたいのは「あなた自身」のこと。売り子はビール会社を語ったりはしない!

法則21 テレビやネットよりもあなたが見聞きした話が一番!　ネタは違和感や疑問をきっかけに集めよう!

法則22 事前のリサーチで、相手が喜ぶ伝家の宝刀を準備しておこう!

法則23 おもしろくなるようにどんどん話を盛って、鉄板ネタとしてストックしよう!

法則24 雑談はチャットでいくらでもできる。新しいツールをおもしろがってみよう。

CHAPTER

3

頭がよく見える人、おバカに見える人の話し方の法則

法則

25

おバカに見える人は、

無理やり大勢に話しかける

頭がよく見える人は、

大勢のなかでも1対1で話す

長年、日本中の人から話がおもしろいと思われている明石家さんまさんは、ピンの企画がほとんど存在しません。「明石家さんま　お笑いソロライブ」というのは、聞いた記憶がないはずです。

最も出演者が少ないのが『さんまのまんま』のような対談番組。かつての『夜のから騒ぎ』や、現在の『踊る！さんま御殿!!』はひな壇とのトークですし、ひとりでしゃべることが多いラジオでも、複数のタレントやアシスタントがレギュラーでいます。

ただし、どんな状況であっても、さんまさんは徹底的に1対1で話します。

1対1で話す大きなメリットとは？

1対1で話すことの効果は、相手とエンゲージメントが結べる（絆《きずな》を深める）ことにあります。それによって**その場にいる誰と誰が、何について話し、議論しているかを、当人同士も、周囲から見ても明確化できるのです。**

何人もいるなかで1対1で話す方法はそれほど難しくありません。たとえばAさんと何かのテーマで話しているとき、**さんまさんは必ず質問に「Aちゃん、どうやった?」と名前を混ぜることで、Aさんの発言を促しつつAさん以外の発言を封じます。**

そして数分間Aさんからひとしきり話を引き出し、ほかの人にも聞かせ、そのテーマがまだ使えそうだと踏めば、同じテーマで「ちょっとBちゃんにも聞いてみよか?」と、やはり指名で話を振っていきます。こうして、その時点ではつねに1対1であるように場をコントロールしているのです。


このテクニックを知ってから、僕も会議で多用するようになりました。クライアントとの会議でアイデアを披露するのなら、決定権が最も強い人に向かって話します。方法は、**会話のなかに「○○さん」と相手の名前を入れるだけ。**しかしそれだけで、大勢の出席者のなかで、1対1で関係が結べるのです。その場で一番えらい人と話しているのですから、ほかの人は当然耳を傾けます。

そこで肯定的なリアクションがあれば、今度は現場を仕切っている人や、実際に一緒に仕事をする担当者に向き直って1対1になり、具体的な話を進めるのです。

この方法なら、芽のないアイデアは早々に引っ込められますし、「上に確認してみ

ないと……」というような指揮系統による時間のムダも激減できます。意思の決定や共有が断然スムーズになることで、スピードアップするのです。

順序よく、1対1で話しながら議題を進めていく姿は、それを聞いている周りの人に「できるな」という印象を与えます。

小泉進次郎、池上彰のテクニックを学べ！

大勢のなかでも1対1で話せれば、実は事実上1対大勢でもうまく話せていると言えます。

若きプリンス、小泉進次郎代議士の演説テクニックを思い浮かべてください。なぜ彼は、人の心をつかむのか。僕はその秘密を探りたくて、実際に演説会場に足を運んだことがあります。

小泉さんは大変な人気者ですから、演説会場には多くの人が集まってきます。**彼は演説を始める前に、聴衆のなかから自分の近くにいる何人かを選んで、雑談のような世間話をするのです。**

「おばあちゃん、今日は暑い中ありがとう」「どこから来てくれたの？」「立たせっぱなしでごめんね、体調は大丈夫？」。小泉さんは中高年の女性に人気がありますから、話しかけられた支持者は感激します。こんなやりとりを、本題に入る前に4～5人に対して行います。

その場にいる多くの聴衆がこのやりとりを聞いています。そして不思議とあたたかい空気に包まれ、気持ちが和らいでくるのです。

また、こういうシーンをテレビカメラは狙っています。おばあちゃんの手をとって優しく語りかける小泉進次郎。周囲にいる人だけでなく、お茶の間でテレビを見ている人たちも、こうして彼に心をワシづかみにされていきます。

同様のテクニックを使っているのは、ジャーナリストの池上彰さんです。池上さんは長年ＮＨＫに出演していたことで大変な信頼感を抱かせる人です。その

会話の特徴は、誰に話を振る場合でも、**徹底して相手の名前を入れていくこと**です。

「○○さん、私はこう思いますが、いかがですか？」

「××さん、アンケートではこういう結果ですが、いかがですか？」

こうした作法は、Q&Aを明確にすると同時に、**実力者、権力者に対しても遠慮せずにしっかり向き合う姿を、タレントや一般人相手であれば決してバカにしない誠実さを表せます。**

付け加えると、池上さんは「私はこう思いますが……」の部分のレベルを、**本当にご自身がご存知のことよりも、グッと視聴者寄りに身近な話にしているはずです。**質問の際には、必ず視聴者目線まで噛み砕いて質問しています。これがうまく作用して、視聴者は池上さんが自分の疑問を代弁してくれているような気持ちになるのです。

ワシづかみポイント
25

大勢の会議でも、会話はつねに1対1
ひとりと上手に話せれば大勢いてもうまくいく

法則
26

おバカに見える人は、

「意見」を言う

頭がよく見える人は、

「事実」を答える

もしあなたがレストランのオーナーなら、お店の入口に、どちらのメニューを掲げますか？

A「タラバガニと伊勢エビの身がたっぷり入ったシーフードカレー　¥5000」

B「シーフードカレー伊勢風　¥5000」

AもBも中味はまったく同じ。お客はどちらに食欲をそそられると思いますか？

僕ならAです。AとBの違いは、主語と述語の関係がしっかりしているかどうか。Bはアピールすべき「主語」を思いっきり省略してしまっているため、ちっとも美味しそうに思えず、5000円も出す価値があるかどうか判断しようがありません。

たかがメニューと考えないでください。これは、相手の質問に対して、どれだけ的確に答えられるかどうかを表しています。

5000円を払う価値があるほど美味しいかどうかを聞きたいのに、Bのようにピントがボケた答えをされれば、いくらシーフードカレーがお店の自信作で価格以上の価値があろうとも、注文しようとは思いません。

聞かれたのは「事実」？　それとも「意見」？

同じようなすれ違いは、たとえば会議室ならこんな形で発生します。

上司「Aくん、この間X社に提案したプロジェクトの結論、どうだった？」
A「いやあ、僕はかなり頑張ってプレゼンしたんですよ……担当の○○さんのウケは良かったんですけど……」

上司が聞きたいのは、X社の正式な回答がOKだったかNGだったのか、あるいはまだ検討中なのかという「事実」です。

しかしAくんが答えたのは自分の「意見」。相手に確認していない自分のミスを隠したいのか、努力したことをアピールしたいのか、急に聞かれて焦っているのかはわかりませんが、聞かれた質問に対して、答えるべき内容がズレてしまっています。これでは上司に怒られても仕方がありません。

大切なことは、「事実」を求められているのか、「意見」を求められているのかを瞬

時に見極めることです。

「あの店のカレーは美味しかった?」と聞かれたのなら、あなたの意見を言えばいい。自分には辛すぎたとか、値段の割には美味しいと感じたとか。美味しさに正解はないのですから、ここは意見でいい。

でも、X社との取引がうまくいったかどうかは事実を答える。その上で、今後の展望や予測など自分の意見をプラスすればいいわけです。

「いやあ、僕のプレゼン自体はむこうの課長さんも熱心に聞いてる様子だったんですよ。でも、課長さんも決断できないのか、したくないのかわかりませんが、きっと景気もそんなに良くないからいろいろ考えるところがあるんじゃないですかね」

そう、これはすべて「意見」です。見事なくらい事実がひとつもない……。そんな事態に陥らないよう、相手が何を求めているのかを見極めてください。

ワシづかみポイント

26

相手に求められたのは「事実」か「意見」かを見極めよ

法則

27

おバカに
見える人は、

憶測を見てきたように話す

頭が
よく見える人は、

話の出所が明らか

前項の例のように、自分の勝手な想像で意見を言ってしまうケースがあります。

上司「Aくん、X社のY部長、いつごろ結論が出せそうか言ってた？」
A「いやー、まだ厳しいんじゃないですか。来週いっぱいはかかると思いますよ」
上司「お前の意見なんか聞いてない！　いつ結論をくれるか確認してないのか！」

もしY部長がいつ結論を出せそうかについて何も言及していなかったのなら、「それについては何もおっしゃっていませんでした。確認してみます」と答えればいいのです。

しかし、それでは芸がないと思ったのか、あるいは確認していない自分が責められると思ったのか、Aくんの勝手な想像をあたかもY部長の答えのように継ぎ足してしまっているのです。

担当であるAくんは一番近くでY部長と接しているのですから、Aくんの感触がまったくあてにならないというわけではないでしょう。しかし、彼の言葉には何の事実もありません。大切なのは、**情報の出し方**なのです。

事実、伝聞、想像を分けて話す

先ほどの例で言えば、事実を伝えた上で「そうか、Y部長ははっきりとは言っていなかったのか。で、お前の感触としてはどうなんだ？」と話を振られれば、先ほど怒られてしまった返答をそのまま述べれば問題はないことになります。今度は事実ではなく、意見を求められたのですから。

意見の出所は2つあって、人から聞いた伝聞から推測して意見を言う場合と、単に自分が想像して意見を言う場合。ですから、**事実と伝聞、想像をしっかり分け、出所を明らかにすれば、相手を怒らせたり不快にさせたりすることはありません。**

「Y部長はまだ何もおっしゃっていませんでした（↑事実）。ただ、Y部長の部下の方のお話では、最近Y部長はかなりお忙しいらしく、すぐに答えはいただけない様子です（↑伝聞）。少なくとも来週いっぱいはかかるのではないでしょうか（↑想像）」

と発言すれば、どこまでが事実で、どこからが伝聞、想像なのかがはっきりしているため、怒られることはないでしょう。

僕たちは日々多くの伝聞情報に接していて、そこから勝手に推測したり、想像したりしています。しかしその出所をごっちゃにしてしまうと、話が混乱する一方になってしまいます。

「○○百貨店は最近、業績回復してきたみたいですね！」という会話に対して、「そうなんですよ。僕もよくデパートで買い物をするようになりましたから」と答えても、それはただの主観で、データとしての意味を持ちません。

新聞にこんなデータが書かれていた、決算でこんな数字が出てきたなど、できる人ほど、話のなかでデータや情報を出す際、どこからそれを引いてきたかを明らかにします。**それは発言者の信頼性や、客観的な分析能力のアピールにもつながります。**主観的な話題や感想は、それと断った上で添え物として付け足せばいいのです。

ワシづかみポイント
27

話の出所を明確にすれば、話が混乱せず信頼度もアップ！

法則
28

おバカに
見える人は、

いきなり「転」から話しはじめる

頭が
よく見える人は、

「起→承→転→結」の順を心得ている

「むかしむかし、あるところに、おじいさんとおばあさんが住んでいました。おじいさんは山へしばかりに、おばあさんは川へせんたくに行きました。おばあさんが川でせんたくをしていると、ドンブラコ、ドンブラコと、大きな桃が流れてきました…」

桃太郎のストーリーは、こんな調子ではじまります。

この出だしは実に見事に作られています。

何がいいのかというと、**この短い文章のなかに、起承転結と背景の説明が、過不足なく収まっている**ことです。実際は「結」は含まれていませんが、**「結」がどうなるんだろう？　という期待感をすでに持たせる文章になっています。**

時は昔、場所はあるところ。登場人物はおじいさんとおばあさん。そして2人の日常が描写され、そこに「大きな桃」という、あり得ない事態（「転」）が突如として描かれることで、物

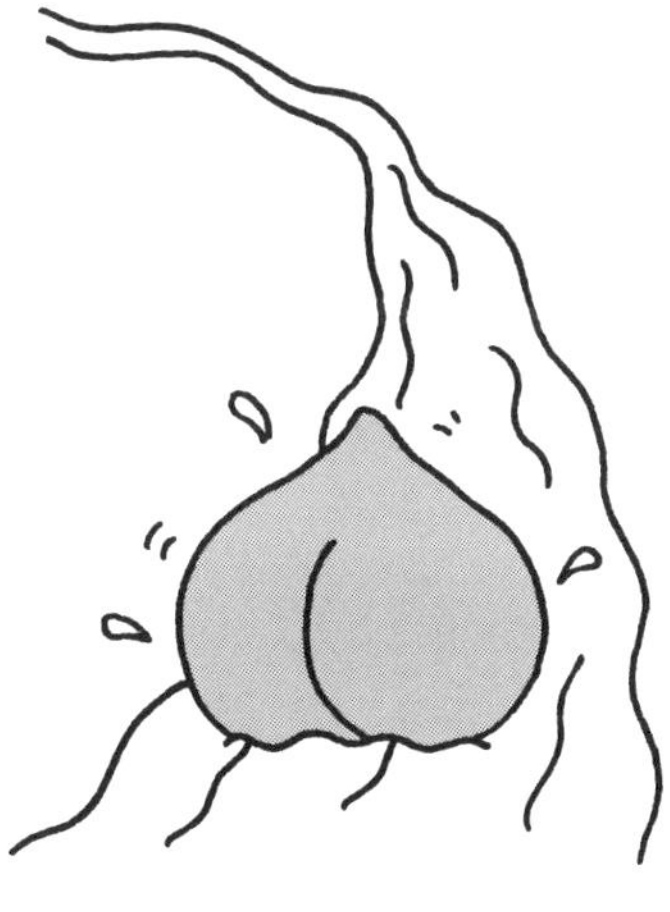

語は動き始めるわけです。

もし、いきなりおじいさんとおばあさんが大きな桃に出くわすところから書きはじめたら、おそらくここまで長い間語り継がれることはなかったでしょう。

と言うのも、出だしのエピソードにおける2つのサプライズ、つまり大きな桃が川を流れてくることと、桃から赤ん坊が生まれることは、子どもから見ても少し突飛です。そこに至るまでの説明を簡潔ながらもていねいにしてあげないと、決して食いついてはくれません。「川に桃なんか流れてくるわけないじゃん！」と言われて、そこで終了です。

どのタイミングで「転」を出すか、それが問題だ

話のつまらない人は、いきなり「大きな桃が流れてきました！」と話す人です。**起承転結というのは、起があり承があって、初めて転が際立ちます。**だから転にどれだけインパクトがあり、おもしろいことであったとしても、**絶対に起承をおろそかにしてはいけません。**そのおもしろさが伝わらなくなります。

実際にこんな話を聞いたことがあります。ある知人が「偶然街で昔の親友にあったら、オカマになっていてびっくりしちゃったよ！」というのです。しかし、いくら当人が驚いたとしても、聞いていた僕には何も伝わりません。知り合いの友人なんて僕にとってはただの他人ですから、「ふーん、そうなんだ」としかリアクションのしようがありません。オカマに対する、特別な感情もありません。

ただ、よく聞くと案外おもしろい話です。昔はスポーツ万能、身体はがっしりしていて男らしく、勉強もできて商社に勤務していて、丸の内でビシッとスーツを着ていたのだとか。それが、いきなりオネエ言葉で話しかけてきてオカマになったとカミングアウトされたのですから、それはびっくりしたでしょう。

でも、これらの基礎的な情報や背景説明がないと、驚きがありません。**しっかり転、結を際立たせることができるかどうかは、起と承の話し方にかかっています。**

ワシづかみポイント

28

起承を飛ばして転結を語ってはいけない
どの段階で「大きな桃」が流れてきたかを思い出せ！

法則

29

頭がよく見える人は、

自分の話し方を客観的に研究する

おバカに見える人は、

自分がどう見られているかを気にしない

話し方を改善するには、自分の話がどう聞こえているかを客観的に検証する必要があります。そのために有効な方法は、**自分の会話を録音して聞き返すこと**です。

実を言うと僕も、かつては自分のプレゼンをすべて録音し、聞き直していました。すると、前フリの段階で退屈な天気の話をしていたり、受け手が明らかに興味を失っていることにこだわっていたり。そんな失敗をしていても本人はその場ではそれに気づけずに、一生懸命プレゼンをしていることがわかります。

録音を何度か聞き返していると、やがて自分のしゃべりを、客観的に聞けるようになります。まるで番組の出演者とディレクターのように分離することができるのです。たとえば、**今のくだりは全部カットとか、その話をもっと膨らませればいいのに、何で焦って先に進めたのか、などという反省点が、どんどん浮かび上がるようになるのです。**

前に述べたQ&Aのズレも、会話や会議などのやりとりを録音しておけばはっきりわかります。また、自分以外の「登場人物」のキャラクターもより鮮明になります。A課長はカネの話題にしか反応しない、Bさんはスケジュール最優先、Cさんは流行ものが大好き、Dさんはとにかく保守的で慎重派……こんな情報が、後日役に立つこともあります。

会話を録音するなんてちょっと後ろめたいと思われるかもしれませんが、別に悪用するわけではありません。しかも最近は、ＩＣレコーダーを用意するまでもなく、スマホに録音機能がついています。ＺＯＯＭで録音もできます。ですから、思い立ったらすぐにでも録音をはじめられるはずです。自分の会話を聞き返すのは、少々気恥ずかしいものですが、効果は抜群です。一度だまされたと思って試してみてください。

「消音」ボタンで自主トレ開始！

魅力的な話し方をする人として、明石家さんまさんや池上彰さんを紹介しましたが、彼らの話術を研究した結果も公開しておきたいと思います。

実は僕がさんまさんのことをあれこれ語れるのは、一度じっくり研究したことがあるからです。あるプロデューサーがさんまさんに心酔していて、どうして彼がそこまでのめり込めるのかを知るために、さんまさんの番組をかたっぱしから録画して見返していた時期があるのです。

さんまさんはどうやって話を広げているのか、広げた話をどうさばくのか、広げられたほうの相手のリアクションはどうなのか。**それらを分析するのに有効なのは、一方の音をつねに消しながら録画を見ることです。**

つまり、さんまさんの声だけを消しながら見る。または、相手側の声を消しながら見るのです。リモコンのミュートボタンを何度も押しながら、声を消されている人がどんなことを発言しているかを想像します。**何を言えば、相手がそんな反応をするのか、いろいろ考えてみます。**

そのあとでさんまさんの発言を確認してみれば、彼のすごさがよくわかるでしょう。そして、これを繰り返すことであなたもさんまさん流話術が身についていきます。

もしあなたが、このタレントさんのトークはおもしろい、と思う人がいたら、ぜひこの手法を試してみてください。

ワシづかみポイント 29

スマホで録音、テレビで録画
話術をきたえるトレーニングはすぐできる！

法則
30

おバカに
見える人は、

闇雲に話しはじめる

頭が
よく見える人は、

アポの時間配分を考える

ビジネスシーンでは、アポイントメント（アポ）をとってから、先方に会いに行き、打ち合わせや会議を行うという流れが多いでしょう。たいていは、限られた時間内に話をまとめるようにします。

ところが、いつも時間が足りなくなったり、逆に余ったりして不安になる場合もあるし、前フリの話をはじめたのはいいけれど、どこで切り上げて本題に移ればいいのか迷っているうちに尻切れトンボになってしまうことも珍しくありません。つまり、時間の配分がうまくいかないのです。

僕は打ち合わせや会議に臨む場合、まずもらった時間をどう配分するかをある法則に照らし合わせて考えます。

「4分割の法則」です。

打ち合わせや会議はたいてい1時間です。すると、だいたい15分ごとに4つのパートに分けます。ちょうどテレビの1時間番組の間にCMが4つ入るような感覚。もっとも、台本やプログラムというほどかっちりした進行表は必要ありません。頭のなかで意識して時間を割り振っておくのです。

この4パートをどう使うか。僕の時間配分をご紹介しましょう。

最初の15分は、自分を好きになってもらうための時間

何度も会っていてすでに気心が十分知れているメンバーばかりの場合でも、そして初めて会うような場合ではなおさら、**最初のパートは「自分という人間を好きになってもらうための時間」として使います。**

ここまでに、さまざまなテクニックを紹介してきました。**相手の会社や会う人のリサーチ方法、手みやげやサプライズを使った演出法、おもしろいネタの作り方、会社ではなく自分自身を紹介する方法……そういうものをすべて、最初の15分間にぶち込んでいきます。**

特に初めて会う相手には、自分がどんな人間であり、しかも自分が相手に気遣いのできる人間であると知ってもらい、「ああ、こいつ好きだなあ」と思ってもらうための、大切な15分です。

もし、あなたが販売しているものが自動車や保険であったり、野球場の生ビールであるならば、はっきり言ってどの人から買おうと大差はありません。

そこで、まずは「この人から買ってもいいかな」と思われることに集中します。つ

まり、**「おもしろい人」と思ってもらう**のです。

それはやがて**「この人を応援したいな」**と評価を上げ、最後に**「何かあったらこの人に相談しよう」**というところまで行きつければ最高です。

自動車のセールスパーソンが、いきなり会社の理念をアピールしても、聞かされるほうは「それって俺とどんな関係があるの？」と白けてしまいます。そのセールスパーソンの売るものが保険であれば、「保険なんかいらないよ」と一蹴《いっしゅう》されてしまうだけでしょう。

でも、人間として好きになってもらえれば、「保険に転職したんだって？　顔を見せに来てよ。営業成績が苦しいなら俺も入るし、何人か紹介できるぞ」という展開になります。会社の話をするなと言うのは、こんな理想をめざしたいからなのです。では、第2のパートはどうするのか。次の項で説明しましょう。

ワシづかみポイント

30

1時間の打ち合わせを4つに分割する
最初のパートで自分を好きにさせる

法則

31

おバカに見える人は、

価格を最後まで出し渋る

頭がよく見える人は、

提案と価格をセットで示す

最初の15分で、自分を好きになってもらうためのネタを披露したら、**第2のパート**では、**いきなり結論を言って本題に入ります。**一回りネタを見せて笑わせ、世間話を交わしたところで、一気に攻めに転じるわけです。

「ところで今日お時間をいただいたのは、ほかでもなく、この企画を御社におすすめしたいからです。予算的にはぶっちゃけ３００万円くらいを想定しています」

などのように、一気に「核心」へと飛んでいきます。何が核心かと言えば、重要なポイントが２つあります。

ひとつは、**どんな取引をしようと提案しているのか。**

もうひとつは、**価格はいくらか。**

シンプルかつストレートに、第２のパートの冒頭でこの２つのポイントを開示してしまうのです。

いきなりお金の話をするなんて、性急すぎるのでは、と思われるかもしれません。

でも僕の考え方は正反対。この例では、「企画」を説明する前に、対価が３００万円くらいであることをシンプルに表明しています。しかし、もしクライアントの側に、使える予算が100万円しかなかったらどうでしょうか?「その規模になると、年度が改まってからにしていただきたい」と、現時点ではその提案には応じられないことを伝えてくれるでしょう。

金額を告げるのは、説明を受ける貴重な時間をムダにしないためでもあるのです。

いきなり値段を開示するのは相手にとって失礼なことか?

大きな駅の駅弁売り場を覗いてみてください。

幕の内弁当、シューマイ弁当、ヒレカツ弁当、うなぎ弁当、チキンライス、山菜おこわ……、色とりどりのお弁当が並んでいて、どれを買おうか目移りしてしまいます。

それでも、多くの客が短い時間で買う弁当を決めていきます。

なぜ、短時間で判断できるかというと、**それぞれの弁当のサンプルや写真と値札が、比較検討できるようにあらかじめわかりやすく開示されているから。**

幕の内にはこのくらいのご飯と、こんな感じのおかずが入って1000円。シューマイ弁当はご飯にシューマイ6個とおかず少しで700円、それぞれの中味や値段がわかるからこそ、最適なお弁当を選ぶことができるわけです。

では、サンプルだけで値札がなかったら？
容はかなりの不便を強《し》いられるでしょう。やはり、値札もあったほうが絶対に比較検討しやすいはずです。

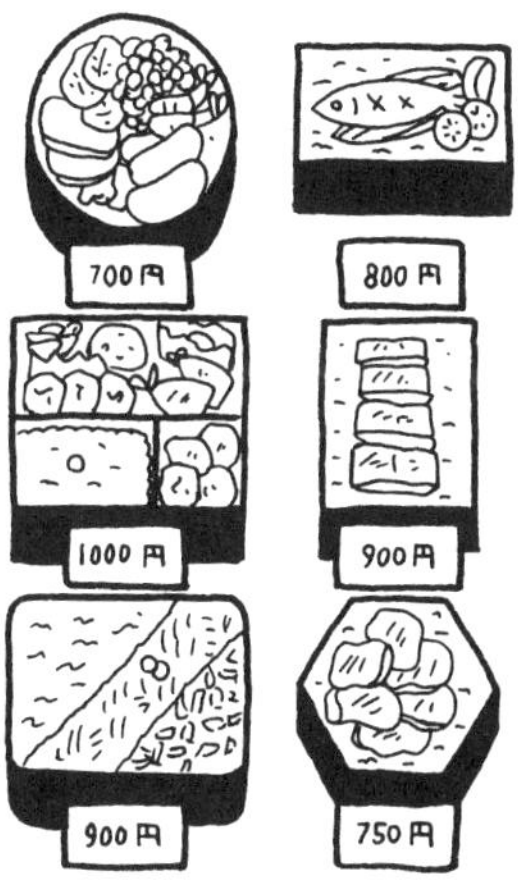

先ほどの企画の提案も同じこと。金額がわからなければ、どんなに優れた内容であっても検討しようがありません。

第2のパートは、提案内容と価格。この2つで攻めに転じてください。

ワシづかみポイント

31

第2パートではいきなり本題に入る
提案内容と価格を開示せよ！

法則

32

おバカに見える人は、

1ページ目から説明する

頭がよく見える人は、

企画書の3ページ目から説明する

最初の15分が経過したあとの、次の15分、つまり第2のパートでは、いきなり本題に入るべきだと述べました。用意していた提案書は、ここで初めてバッグから取り出します。オフラインなら画面の共有です。

初めから資料を机の上に出しておくと、相手は冒頭からその存在がずっと気になるため、第1のパートが盛り上がりに欠けてしまいます。だから提案書は、第2パートで本題に転じるときに出します。

しかしさすがに、提案書に、

企画案　タイトル／〇〇〇〇　概要／別途説明します　価格／300万円

とだけ書くわけには行きません。相手が会社に帰ってからその提案を上司にきちんと説明できるように、ペーパーには本題に入る前にデータやトレンドなどの前フリを書いておいたほうがいいわけです。

余談ですが、大物になってくると、こんな超簡潔な提案書さえないことも。

某大物脚本家の長期ドラマ（誰もが知っている人気ドラマ！）の企画書は、ペラ1枚に、タイトル、脚本・演出家の名前、主なキャストが書かれているだけだったそうです。

テリー伊藤さんによる『天才・たけしの元気が出るテレビ!!』の企画書を以前見せていただいたのですが、わずか2、3ページの紙に、番組タイトルと出演陣、そして「世の中は元気がないから、テレビの力で元気にしよう!」的な企画趣旨だけが書いてあっただけでした。にもかかわらず、それで問題なく通ったそうです!

でも、そんなことが許されるのは、誰でも名前を知っている著名な人を使った、絶対にはずさないであろう企画だけです。

企画書は3ページ目から読んでもらう

先ほどもお話ししたように、企画書は、提案の場にいなかった人があとから読んでもアウトラインがわかる程度に、企画趣旨や内容の詳細、根拠となるデータや資料などの段階を踏んで、最後に価格や条件を書くのがマナーです。

でも、現場で説明を始める際には、前フリをくどくどと説明するのはNGです。これをやってしまうと、相手はすぐに飽きて、ページをどんどんめくっていってしまいます。

企画趣旨というものは、1ページ目に「新型コロナの感染拡大以降混迷の度合いを深めていた日本経済は、GoToキャンペーンでようやく復活の道を歩きはじめたかに見えます……うんぬん」などのように書かれていることが多いものですが、これははっきり言ってただのイントロであり、もっと言ってしまえばお飾りです。

僕なら、第2パートの冒頭で本題に触れたら、すぐに、

「お手元の企画書ですが、最初は飛ばして3ページ目からでよろしいですか？」

と確認を求めます。相手もすぐに僕の意図を察してOKを出してくれます。

相手だってビジネスパーソンです。企画書は読み慣れていますし、作り慣れてもいます。最初に書かれている企画趣旨はえてして形式を整えるためのものであり、大した意味がないことを知っています。

そんなものは飛ばして早く本題に入ったほうがいいし、そのほうが身のある話をす

る時間が増えます。そして何より、お互いそのほうがスマートに見えます。

途中の資料も飛ばしてしまうことがあります。マーケティングのデータなど、しっかりした相手であれば百も承知のことです。しかし紙の企画書では一応収録しておかなければいけませんから、「もちろんご存知ですよね」と軽く触れるだけで次に移ります。

これは、**「あなたの実力を認めています」**という、敬意の表明にもなるわけです。

ワシづかみポイント

32

企画書には、形式を整えるための前フリが多い
口頭で説明するときは、大胆に省いて本題から入れ!

４分割の法則

１時間のアポを15分ずつ４つに分割する。
１時間のテレビ番組に
４回のCMが入るようなイメージで。

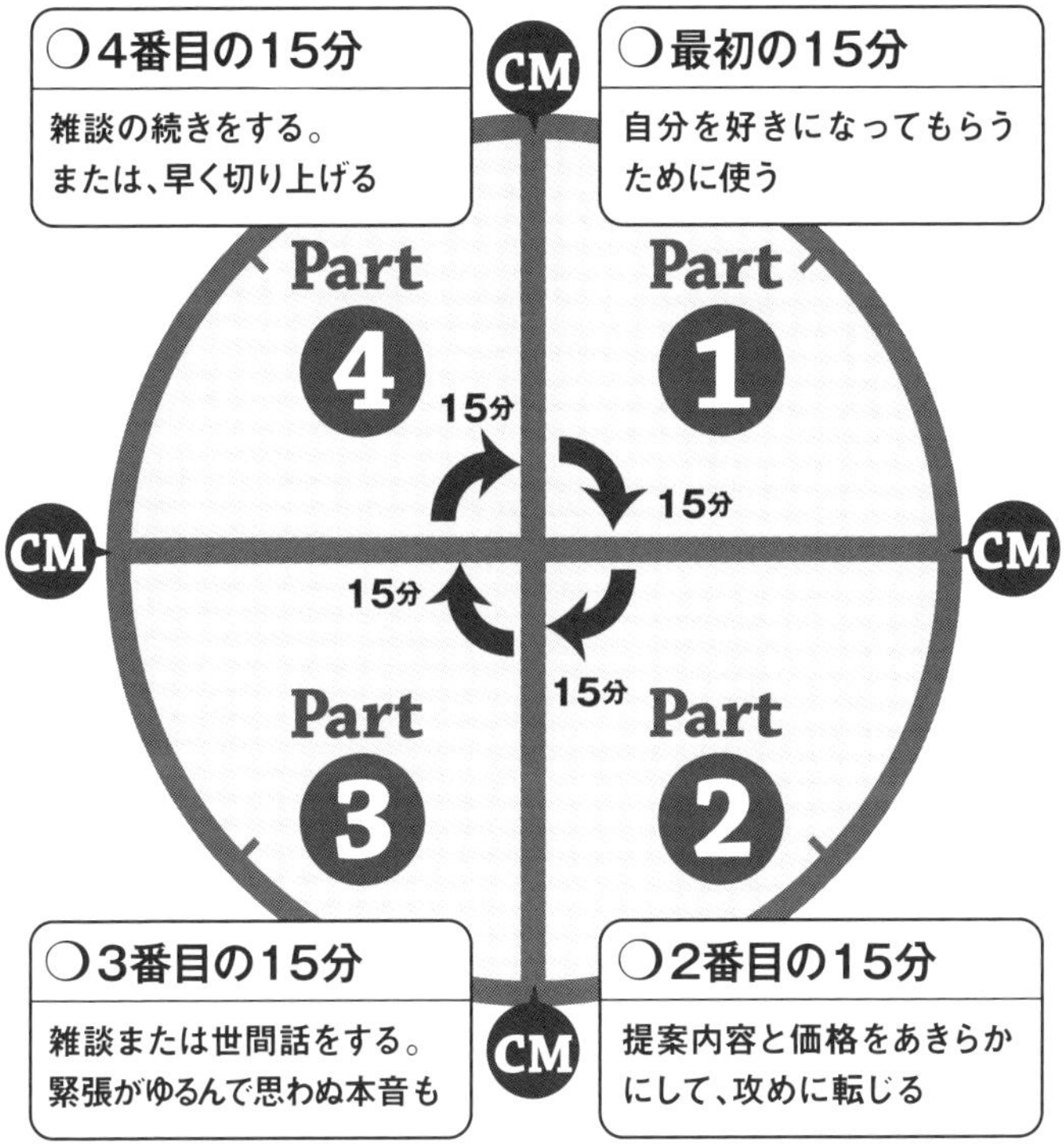

❍最初の15分
自分を好きになってもらうために使う
❍2番目の15分
提案内容と価格をあきらかにして、攻めに転じる
❍3番目の15分
雑談または世間話をする。緊張がゆるんで思わぬ本音も
❍4番目の15分
雑談の続きをする。または、早く切り上げる
CM
CM
CM
CM
Part 1
Part 2
Part 3
Part 4
15分
15分
15分
15分

法則 33

頭がよく見える人は、

アポが早く終わることを「いいこと」と考える

おバカに見える人は、

アポが早く終わると不安になる

さて、残りの30分、3番目と4番目のパートをどう使えばいいのか。第2パートで説明を終えられれば、**第3パート以降は雑談でも世間話でもいいですし、打ち合わせ自体を早く切り上げてしまっても構いません。**

もし第2パートでビジネスの話が終わらず、相手にもまだ聞こうとする気持ちが残っていると感じられるなら、次のパートも引き続き説明に費やしてください。ただ、**僕なら場の緊張をゆるめたり、おみやげのお菓子をすすめたりするでしょう。**

なぜ、1時間のテレビ番組には4回のCMゾーンがあるのか？　CMの本数さえ変えなければ、別に2回でも、5回でもいい気がします。

15分ごとになっている理由は、多くの人にとってそのくらいの時間が集中力を持続できる限界だと考えられているからです。

自分からの提案が一通り終わっても、相手がそそくさと席を立つ様子がなければ、「今日はこんなところです。ありがとうございます。ところで、最近ゴルフの調子はいかがですか？」などと世間話を振ってみます。

第2パートでは、身を乗り出して話をするイメージですが、この第3パートでは緊張をゆるめて席に寄りかかって話すイメージです。

すると空気までゆるんで、「野呂くん、さっき３００万って言ってたけれど、少し要素を削って２００万くらいのパッケージにすることはできないかなあ」なんて、**核心めいた本音が漏れてくることもあります。**または、次回以降の商談を提案されたり、「とっておきの情報」を教えてもらえたりすることもあります。

できるビジネスマンは颯爽と去っていく

第３パートで、ひとしきり雑談も終わりました。こうして予定の終了まで15分余ってしまったら、「じゃあ、ちょっと早いですけど今日はこのへんで」という感じで締めてしまえばいいと思います。

極端な話、第１のパート15分のネタが5分で爆笑を取り、第２のパートの15分でビジネスの話も滞《とどこお》りなく終了したのであれば、１時間の約束を20分で終わらせることになります。無理に１時間をフルに使うより、僕はむしろこのほうが有益だと思います。時間が余るのを不安に思う必要はありません。

1時間の予定が20分で片づけば、それは相手に40分の時間をプレゼントしたことに

なります。相手の収入を時間あたりに直せば、40分拘束した場合の料金がいくらになることか。それが複数人いれば相当のコストです。そのコストを使わせずに、かつ自分にも40分の余裕ができたのですから、みんな得したことになります。

空いた時間を使って、ネタ作りのために、街に出ればいいのです。

こういうビジネスパーソンこそ、相手には魅力的に映ります。パッと笑わせてくれて、ビシッとビジネスの話をし、颯爽《さっそう》と去っていくんですから。

反対に気をつけなければいけないのは、すでに本題が終わっているのに、雑談が盛り上がっていることでアポの時間を勝手にはみ出してしまうこと。

相手が喜んでいるからといって、断りもなく勝手に時間を延ばすのはNGです。必ずアポの時間が終わる前に**「そろそろお時間ですが、大丈夫ですか？」**と声をかけるようにしてください。

ワシづかみポイント
33

早く終わったら、相手次第で雑談を振るのもよし
ただし、無断延長はNG！

法則 34

おバカに見える人は、

会議にタブレットを持ち込む

頭がよく見える人は、

会議にノートパソコンを持ち込む

フジテレビの番組『奇跡体験！アンビリバボー』の会議における僕の呼び名は、**「ノロエンジン」**です。

放送作家としての僕は、場を盛り上げながら、立場が違う大勢の人たちの意見を調整し、まとめていくことを得意としています。

そんな僕が、会議のなかでさらに新しいポジションを構築しようと思って導入したのが、何の変哲《へんてつ》もない、ただのノートパソコンです。

会議ではよくこんな発言が飛び交います。発言の主はたいがいプロデューサーです。

「そう言えば、スマートフォンの普及率って、今どのくらいなのかなあ？」

「あのほら、アメリカの○○○のプロモーションビデオでウケてるの、あったじゃない。ここのV、あんな感じでうまくさばけないかなあ」

何を意図してこう発言したのかはわかりませんが、何らかのアイデアが湧き出している瞬間です。

存在感を出すために何ができるか？

ここで、「ノロエンジン」の出番です。といっても、**持ち込んでいるノートパソコンを使ってヤフーやグーグルで「日本　スマートフォン　普及率」を、YouTubeでアーティスト名を検索するだけ。**そして10秒ほどで調べあげてから、発言します。

「○月の×××調べでは、日本のスマホ普及率は49・7％ですね」
「そのPVってこれですか？　じゃあそこのテレビで再生しますね」

やっぱり「ノロエンジンは早いねえ！」と喜んでもらえますし、もちろん会議はその材料をもとにして進められます。「ノロエンジン」と言っても、ようは誰かが疑問に思ったことを検索しているだけ。**ネットにつながるパソコンを会議の場に持ち込むだけけで、新しいポジションの確立に成功したのです。**

今ではオンラインミーティングも増えて、誰でもその場で検索できるようになりました。そんな環境で存在感を出すポイントは、気の利いた情報提供とスピード感です。

たとえば「○○という会社のサイトがよくできていて……」なんて話が出たら、サッと調べて画面共有するか、チャットでアドレスを送る。なんでもかんでも共有すればいいいわけではなくて、「これは実際に見ながら話したほうがみんなわかりやすいな」と察知したら共有します。この気が利いている感じが大事です。

もしあなたが会議に出席していても、いるのかいないのかわからないくらいの立場であれば、検索エンジンになるだけで、会議で重宝がられ、いつの間にかポジションを獲得できることは間違いありません。

そして、検索や調べ物を重ねれば重ねるほど引き出しが増えていき、知識もスキルも増していきます。やがて人からも頼られるようになります。

ちなみに、テレビ業界には調査を専門とするリサーチャーという仕事があります。

僕は彼らからは少々恨まれているかもしれませんね……。

ワシづかみポイント
34

「自分が会議にいる意味」は何か？存在感を出したければ、ノートパソコンで検索しまくれ！

法則

35

おバカに見える人は、

スタバで5ターンで注文する

頭がよく見える人は、

スタバで1ターンで注文する

「持ち帰りで、コーヒーのホット、トールサイズのミルク入りで」

僕がコーヒーチェーンで注文するときは、だいたい1ターンで終わります。「あ、ダイエット中なんでやっぱりミルクなしで」くらいは付け足すかもしれませんが。

通い慣れたチェーン店ならば難なくオーダーできますが、初めてのお店だとそうもいきません。


「店内でお召し上がりですか？　お持ち帰りですか？」

「持ち帰りで」

「ご注文をどうぞ」

「えーと、ブレンドで」

「ホットとアイスとございますが」

「ホットで」

「サイズはS、M、Lとありますが、いかがされますか？」

「Mで」

「砂糖とミルクはお付けしますか?」
「じゃあミルクをください」
軽く5ターンはかかります。

なんていうことのない日常のワンシーンですが、僕はこんなやりとりをビジネスでの話し方でも意識しています。

コーヒーをスマートにオーダーできるということは、**相手が無駄なく判断するために必要としている情報を、ロジカルに提供できる**ということだからです。

聞かれるとわかっていることを、実際に質問されるまで答えない理由はありません。最近だと「レジ袋はご利用になりますか?」と必ず聞かれるのは、わかりきっています。それならば先に「小さいほうのレジ袋をください」と伝えてしまったほうがいい。

これは**さっさと済ませたいという傲慢な気持ちでやっているわけではありません。**相手の手間を省いて、相手が効率よく動けるようにするためです。

特にオンラインミーティングをするときに、必要な情報をロジカルに伝える重要性は強く感じます。

オンラインだと、お互いの通信環境によってはスムーズな会話が阻害されることがあります。発言のタイミングが重なってしまったりすると、会話がギクシャクしてしまいます。

ですからマナーとしてまず相手の発言を全部聞き終えてから話すわけですが、そのときに、**まとまった情報を過不足なく話すことが大事**なのです。

雑談の場合はフリージャズ的な掛け合いがおもしろさを生みますが、会議やプレゼン、特にオンラインではまずロジカルさが必要です。

ワシづかみポイント

35

相手に必要な情報は何か？
会話のターン数を節約せよ

法則

36

頭が
よく見える人は、

具体的な数字で話す

おバカに
見える人は、

抽象的な印象で話す

オンラインミーティングで意識していることがもうひとつあります。

なるべく具体的な数字で表現することです。

こう言うと難しく感じるかもしれませんが、難しいことでもなんでもありません。


たとえばこんなやりとり。

「ウチの事務所は手狭なので、小さめのキャビネットを探しているんですけど」

「それなら一番小さいサイズのがいいですかね」

「いや、さすがにそれだと容量が不安なので、もうちょっと大きいのないですか」


なんとももどかしい。**「狭い」とか「小さい」といった印象は人によってさまざまです。**僕が80平米の３ＬＤＫを「広いなあ」と感じたとしても、超豪邸に住んでいる富豪からしたら「なんて狭い家なんだ」と感じるかもしれません。

まあ、これは極端な例だとしても、仕事の会話のなかでも割と抽象的な言葉でスルッと流れてしまうことがあります。

「大ヒットしたんですよ！」↓　何個売れたの？　売上はいくら？
「クレームが殺到しまして」↓　1日に何件きたの？
「劇的に効率が改善しました」↓　何パーセント上がったの？

こんな具合に、よく考えてみるとイマイチわからないことがあります。こうやって書くと重箱の隅をつつくようで、ちょっと野呂はいじわるなんじゃない？　と思うかもしれませんが、**ポイントは相手に「?」が浮かばないように伝えること**です。

単に大ヒットしたと言われるより、「10万部売れたベストセラー」だと言われたほうが、すごさを理解できます。出版に詳しくない人からすると、どこからが「大ヒット」なのかもよくわかりません。

「普段は1日に5件のクレームが、その日だけで100件もきたんです！」
「残業時間が前月より20％も減って、売上は120％だったんです！」

どうですか？　このほうがスケール感がわかりますし、聞いている人がその話題に詳しくなくても、「これはすごい」と思ってもらえるはずです。

特にオンラインでの会話の場合、その場の空気や細かな身振り手振りを共有できないので、いかに頭のなかのイメージを一致させるかが、より大事になります。

さらに言うと、**具体的にイメージできたとき、相手はよりリアルに心を動かされます。**

つまり具体的に話すということは、ただ親切なだけでなく、自分の話にキャッチ力をつけることでもあるわけです。

相手を惹きつけたいなら「史上空前の」とか「想像を絶する」などといったよくわからない修飾をするより、数字を示してインパクトを出しましょう。

ワシづかみポイント

36

抽象的に盛れば盛るほど空虚になる
シンプルに伝わる表現を

CHAPTER 3

ワシづかみポイント

法則25 大勢の会議でも、会話はつねに1対1。ひとりと上手に話せれば大勢いてもうまくいく。

法則26 相手に求められたのは「事実」か「意見」かを見極めよう。

法則27 話の出所を明確にすれば、話が混乱せず信頼度もアップ!

法則28 起承を飛ばして転結を語ってはいけない。どの段階で「大きな桃」が流れてきたかを思い出せ!

法則29 スマホで録音、テレビで録画。話術をきたえるトレーニングはすぐできる!

法則30 1時間の打ち合わせを4つに分割する。最初のパートで自分を好きにさせる。

法則31 第2パートではいきなり本題に入る。提案内容と価格を開示せよ!

法則32 企画書には、形式を整えるための前フリが多い。口頭で説明するときは、大胆に省いて本題から入れ!

法則33 早く終わったら、相手次第で雑談を振るのもよし。ただし、無断延長はNG!

法則34 「自分が会議にいる意味」は何か?　存在感を出したければ、ノートパソコンで検索しまくれ!

法則35 相手に必要な情報は何か?　会話のターン数を節約せよ。

法則36 抽象的に盛れば盛るほど空虚になる。シンプルに伝わる表現を。

CHAPTER

4

なぜか好かれる人、煙たがられる人の話し方の法則

法則
37

なぜか
好かれる人は、

相手にうんちくを語ってもらう

煙たがられる
人は、

自分でうんちくを語る

「うんちく」と聞くとネガティブな反応をする人がいます。知識を一方的にひけらかすうんちくなんて自己満足の象徴のようなもので、聞かされる側は迷惑なだけ。「話し方」の本を読むと、「うんちくは百害あって一利なし」みたいなことが書かれていることがあります。

でも、僕は必ずしもそうは思いません。

まず、**うんちくを披露することは基本的に気持ちのよいものです**。

そして、うんちくを語りたいのは、話している当人だけではありません。うんちくを聞かされている相手だって、機会さえあればうんちくを披露し、感心してもらいたいと思っているはずです。

ならば、うんちくを語る際のコツさえ知っていれば、嫌味にならずに会話のなかでそれを生かすことができるはずです。

まず大原則として守っておきたいのは、必ず相手から先にうんちくを語ってもらうことです。お客様や年長者であればなおさらです。間違ってもワインを前にして、「部長、このワインをご存知ですか？　これはですね……」なんて話をいきなりはじめることは避けるべきです。

相手に「うんちく」を気持ちよく語ってもらう極意

では、どうすれば相手から先にうんちくを語ってもらうことができるのでしょうか。これは簡単です。

誰だって語るべきうんちくを持っていれば語りたいのですから、あとは「今がうんちくをご披露いただくチャンスですよ！」とパスを投げればいいだけです。

たとえば、**接待の席でワインや日本酒を選ぶのであれば、その選択そのものをお願いできないか頼んでみます。**

腕に覚えがある人なら乗ってくるでしょうし、自信がなければスルーされるでしょうから、その場合はすっと引っ込めればいいのです。

もし選んでくれたなら、そこには理由があるはずです。**あとは質問を投げるだけ。**「今回はどうしてこの銘柄を選んでいただいたんですか？」というスルーパスを送ります。あとは先方の得意な話を、大いに気持ちよく語ってもらいましょう。

語ってもらうことが目的ですから、たとえそのうんちくのレベルが自分より低かろうと、絶対に話を横取りしてはいけません。知っている話でも初めて聞いたかのような表情で、いちいち感心しながら聞いていくのがマナーです。

「ほー、なるほど！」と。

最初のうんちく披露が口火になって、あらゆるうんちくを吐き出してもらい、相手のうんちくだけですべての時間が埋めつくされればその宴席は大成功です。

逆に、自分のうんちくを語るときには、**「不勉強なんですけど」**とか、**「つい最近まで知らなかったんですけど」**などと前置きしてさわりだけを話し、もう一度相手がうんちくを披露できるよう水を向ける手段に使えば、場を盛り上げることができるはずです。

ワシづかみポイント

37

誰でも「うんちく」は語りたいもの
だからこそ相手に語ってもらえ！

法則
38

煙たがられる人は、

必要もないのに結論づける

なぜか好かれる人は、

結論を語らない

煙たがられる人が陥りがちな根本的な勘違いがあります。会話には必ず結論がいる、と思っていること。そして、そこに行きつけないのをとても嫌がるのです。**でも、僕は、結論のない話など当たり前だと考えていますし、それどころか相手が望んでいないのであれば、結論を語らないようにしています。**それでも一向に構わないのです。

会話の相手が、深刻な悩みを抱えていたとします。仕事関係でも、男女関係でもよくあるシチュエーションです。僕もよく相談を受けます。

こんなとき、相談している側は、必ずしも相手に結論を求めているわけではありません。若い頃と違い、今の僕はそのことをよくわかっているので、「相談に乗ってよ」と言われれば、**ただ相槌を打ち、相手の話した内容をオウム返ししながら、基本的には黙って聞いているだけです。**

そして相手から「どうしたらいいと思いますか？」と聞かれて初めて、自分の考えや結論を言うことにしています。

話を聞いた結果、たとえ僕が１００％自信がある解決策を思いついたとしても、**相手から請われない限り絶対に語りません。**

相手が何を望んでいるか考えましたか？

なぜこんなことを大まじめに守っているのかというと、会話の相手が何を求めているかは、あくまで相手のなかにしか存在しないからです。

もしかしたら、彼（彼女）の頭のなかにはすでに結論めいたものがあり、僕にはただそれに対する賛同を求めているだけなのかもしれません。

あるいは、結論が出ない、出せないことと知っていながら、ただ真剣に耳を傾けてもらう相手が欲しくて話を振ってきただけなのかもしれません。

つまり傾聴《けいちょう》してもらえればそれで十分で、「ああ、話したらスッキリしました。明日からまた頑張ります！」となるかもしれないのです。

相手がその会話を通じて何を望んでいるかを正確につかむことこそが、僕が考える会話の本質です。

それが「相談に乗ることそのもの」であるなら、**結論などまったく邪魔な、不要な要素です。**たとえ万能の解決策であったとしても、呑み込むべきだと思います。

コンサルタントとしての僕のスタンスも、基本的には変わりません。クライアントから結論を求められれば、自分の考え方をお伝えします。反対意見やネガティブな要素を述べてほしいと頼まれれば、やはり自分の考えと合致していようといまいと、考えられるリスクや問題点を指摘するでしょう。

しかし、いくら社長が迷い悩んでいようと、僕が望まれてもいないのに結論を言うのは絶対にやってはいけないことです。それは大きなお世話ですし、そもそも僕はコンサルタントにすぎないのであって、その会社が失敗しても責任の取りようがないからです。

コンサルタントとしてやるべきことは、結論を語ることではなく、社長やクライアントが選びたいほうを後押しすることです。それが僕の仕事です。

その結果が失敗に終わったとしても、本物の経営者であれば、決して僕を責めることはありません。

ワシづかみポイント

38

会話には、必ずしも結論は必要ない
何を望んでいるかは相手の心のなかにある

法則 39

煙たがられる人は、

「効率」を追求する

なぜか好かれる人は、

「優しさ」を追求する

知識量が圧倒的に多かったりすると、ついそれを自慢するかのように見せつけてしまう人がいます。あるいは、相手が何か言っても、「そんなこと知ってるよ」と言わんばかりに、相手の話を遮断してしまう。

この手の人は、相手が話しはじめても、すぐにその結論が予測できてしまうので、聞くこと自体が非効率だと思うのでしょう。

でも、**結論がわかりきった状況でも、付き合わざるを得ない局面は存在します**。たとえば、上司やお年寄りなど目上の人にパソコンやタブレットPCの使い方を教えるシーン。知識のある人には何ということのない操作方法でも、初心者はいちいち躓《つまず》いてしまうものです。

では、そのたびにイライラして「そんなこともわからないの？」と上から目線で言ったり、「ああ、そんなこととっくの昔に知っているよ」と言い放って、ムダな会話を強制終了させるべきでしょうか。

確かに効率はいいでしょうが、相手は確実に傷つき、なかには尊大な態度を蔑《さげす》む人もいるでしょう。少なくとも、あなたには二度と相談してこないでしょう。

こんなとき、僕なら**「僕はたまたま知っているんですが、これはこう使うんです**

よ」と説明します。偶然知っていた、たまたま使える、という言葉を前につけておけば絶対に嫌味にはなりませんし、相手も傷つかずに済むからです。これが優しさであり、敬意だと思います。

もしも、「その話なら知ってるよ」と思ったら……

次は、僕が実際に経験した話です。

自動車会社のプロジェクトに関わっていたおかげで、僕はここ数年、最新の車の開発事情や業界事情にだいぶ詳しくなっていました。

あるパーティーで、別のメーカーの人が、その企業と僕のクライアントとの間で進んでいる大きなプロジェクトの話をはじめました。

その人は「君は知らないだろうけど……」という言葉で説明をはじめましたから、**僕は最後まで知らないふりを貫き、知っていることもいちいち初めて聞いたかのように振る舞いました**。そして最後には、「いやあ、まったく知りませんでした。勉強になりました」とお礼を述べました。

読者のなかには、野呂は調子のいいヤツだなあ、と思う人がいるかもしれません。でも、僕が食傷気味に「ああ、はいはい、その話なら存じていますよ。御社と○○社の共同プロジェクト、実は裏で私も絡んでいるんです」とでも言おうものなら、その会話はすぐに終わるでしょう。そして、相手の気分は最悪になる。プライドが丸つぶれになってしまうのですから。

先方はただ自慢したかっただけなのかもしれません。でも、とっておきの話題として、僕に情報提供してくれたのかもしれないのです。**そんな人の顔をつぶしてまで、会話の効率を追求する必要などまったくありません。**

話の展開がわかっていたとしても、その人の気持ちを察し、ニコニコし、びっくりした顔で結論が出てくるのを待つくらいの度量があっていいでしょう。これは話し方のテクニックと同時に、人への優しさの問題でもあるのです。

ワシづかみポイント

39

相手に気持ちよく話してもらうためには、知らないふりを！
会話で大事なのは効率ではなく、優しさ

法則
40

煙たがられる人は、

お礼のメールも忘れる

なぜか好かれる人は、

リモートでも当日にお土産を送る

リモートワークが普及して、直接人に会う機会がグッと減りました。オンラインミーティングは非常に効率的で便利ですが、対面よりは個人の印象や存在感を示すのが難しい面もあります。

そこで最近、僕がよく使うのが「デジタルおみや」です。

手軽でおすすめなのが、Amazonギフト券。**オンラインミーティングでお会いした相手に、その場で注文して送ってしまいます**。Eメールタイプなら速攻でお届け可能で、ちょっとしたサプライズも演出できます。

「よかったらこれ使ってください！」
「え！　いいんですか？　ありがとうございます」
「使い道がなかったら僕の本を5冊くらい買っていただいてもいいですよ！」

こんな感じで「自分のためにやってる感」が出ると相手もちょっと気が楽です。これで本当に僕の本を読んでいただけたらラッキーですが、それはおまけ。

Ａｍａｚｏｎギフト券でなくても、ビールやお菓子なんかを送る手もあります。

「最近、工場にこもりきりなんですよ〜」

なんて言われたら、すぐ**缶ビールを50本くらい送っちゃいます**。結構驚いてもらえるのですが、お金にしたら数千円です。僕の場合、リモートなら交通費も交際費も使わないわけですから、その分を使ったと思えば費用対効果は十分。**会えない環境を逆手にとってクールに決める**。相手を驚かせてなんぼ、なのです。

プレゼントの時間差攻撃なら、２度感謝してもらえる

僕はいつも、あるペンを持ち歩いています。パーカーのボールペンとも万年筆とも言えない製品なのですが、書き心地が何とも言えず素敵なのです。

人から「ちょっとペンを貸してほしい」と頼まれたら、そのペンを渡すようにしています。

「あれえ、野呂くん、これすごく書き心地がいいねえ」

「そうなんですよ。何本もありますから、よかったら差し上げますよ」
「え！　いいの？　じゃあ遠慮なくもらっておくよ。ありがとう」

本当に書き味に優れていますから、いい商品を教えてもらったことだけで、その人は僕に満足してくれているはずです。

そしてヘビーローテーションされて、やがてインクがなくなります。同じペンを買おうと大きな文房具店の店頭に行ったり、通販サイトで型番を検索したりしてみて初めて、**それが1万円する商品だったことに気づくわけです。そう、1万円もするんです。**

もらってから時間がたっているだけに、印象はより深くなります。「そんな高価だとは知らなかったなあ。それにしても野呂くんは平然と1万円のペンをくれたのか。何かお返しをしなければ」なんて思っていただければ幸いです。そんな交流が、いつか大きな実を結ぶかもしれないのですから。

プレゼントもサプライズも惜しみなく与えよ！

馴染《なじ》みのレストランやお店を持つと、パーティーや接待で無理なお願いを聞いてもらえるなど強い味方になります。僕は**そういうお店に対しても、いつも大事にしていただいているお礼を込めて、サプライズのあるプレゼントを贈ります。**

ケーキを差し入れしたり、高級ハムを渡したり、いただいたとうもろこしをおすそわけしたり。飲食店がこうした形で客からおみやげをもらうケースはまれでしょうから、びっくりされて、喜んでもらえます。**それからはさらに仲良くなって少々の無理を聞いてもらえるようになります。**

たとえば大切な会食のとき、相手が時間を間違えて30分早く来てしまい、ひとりで座って待っているような状況であれば、すぐに一報をもらえますし、退屈させないようシャンパンとアミューズ（小前菜）を出しておいてほしい、なんていう電話でのオーダーにも快く応じてもらえます。

口ベタな人、話し方に自信がないと感じている人ほど、プレゼントを使ったサプライズを有効活用するといいでしょう。次から次におもしろいことを言えなくても、どれだけポジティブなサプライズを連続して作れるかを考えるのは可能です。イベントや誕生日などをチェックして、サプライズを実行してみてください。おのずと楽しい会話や盛り上がりがついてきますし、相手との距離も縮まって、本音に近い話ができるようになります。

相手の意表をつく、サプライズを仕掛ける、ということは**「与え続ける」**ことでもあります。

仕事で会う相手の近況を聞き出して、Aさんが風邪を引いて寝込んでいるとわかったら風邪薬を買って差し入れし、アポの直前にBさんの誕生日だと気づけばコンビニに駆け込んでチロルチョコを買い占め、会った瞬間にクラッカーをパン！　と鳴らす。**こんなサプライズを与え続けられれば、あなたは相手にとってかけがえのない存在になるはずです。**

ワシづかみポイント
40
話すのが苦手な人ほどプレゼントやサプライズを連発しよう！

法則 41

なぜか好かれる人は、

「たまたま」を強調する

煙たがられる人は、

「ここだけの話」を強調する

僕は発言をするとき、相手と関係性をより良いものにするために「魔法のキーワード」を使っています。実はすでにいくつかご紹介しているのですが、ここで目的別にまとめておきます。

同じ話をするにしても、以下のような前フリをつけるだけで、スムーズに、印象良く受け取ってもらえます。

★相手の心を開いてもらうときの「魔法のキーワード」

「ぶっちゃけますけど……」

「相談があるんですけど……」

相手の心を開くためには、まず自分から心を開く必要があります。

日常会話でも使えますし、重要な打ち合わせの場面や核心に迫る局面でも使うことができます。

「**僕はぶっちゃけ**、今日は本当に腹を割ってお話ししたいと考えています。部長と1

対1の話をさせてください」

一方、一見よく似ている言葉ですが、決して使ってはいけない表現があります。**「ここだけの話なんですけど……」「絶対内緒なんですけど……」**などです。

まともなビジネスパーソンであれば、「ここだけの話ですけど、A社ではこんなことをやってまして……」なんて話す人間は、他社に行ったら自分たちの秘密を「ここだけの話ですけど……」と言いながら言いふらしているに違いないと思うからです。

★意見を表明するとき、ハードルを下げるときの「魔法のキーワード」

「よくわかんないんですけど……」

「まだ結論は見えていないんですけど……」

「いま急に思いついちゃったんですけど……」

「フラッシュアイデアなんですけど……」

僕はその場で思いついたことでもどんどん発言しますが、その場の思いつきですから周辺情報が少なく、確定的なことは言えません。

また、時間がなくて詳しく調べられなかったとき、単純に発言しにくい雰囲気のときや、優秀な人たちのなかで萎縮《いしゅく》しそうなときにも、こうしたフレーズを使えばハードルを下げられます。場違いなアイデアだったと気づいたら、すぐに引っ込めればいいのです。

★自分の意見とはせず、一般論として述べるときの「魔法のキーワード」

「よく、○○なことってありますが……」

自分の意見を言うと角が立ちそうな場合は、主語をわざとぼかし、一般論としてこんなことがありますよね、と提示すれば、摩擦が避けられます。そう、さんまさんがよく使うテクニックです。

★角が立たないように反論する／反対の意見を述べるときの「魔法のキーワード」

「確かにそうなんですけど、私は……」

「おっしゃっていることはごもっともですよね。そうなんですけど……」

「そうですよね」は、絶対に否定にならない鉄板のキーワードです。また、それと同じ効果が得られるキーワードとして、**「確かに！」**とか**「その通りですよね」**があります。

実際に心のなかでは反対意見を持っていたとしても、そのままガチで反論すれば気を悪くされるだけです。

そこで、このようなフレーズを言ってから意見を述べるようにすると、正反対の意見でも案外すんなり受け入れてもらえます。

★嫌味なく、周囲を傷つけずに知識やうんちくを述べるときの「魔法のキーワード」

「たまたま知っていただけなんですけど……」

「偶然聞いたことがあるんですけど……」

「私もつい最近まで知らなかったんですけど……」

「知り合いにたまたま詳しいヤツがいるんですけど……」

自分の知識を述べたり、うんちくを語ったりするときには、自分の立ち位置を上げないように注意してください。

ほかの人が知らない知識を語るということは、「皆さん、この知識は知りませんよね？」と高飛車に宣告しているのと同じだからです。

そこで、「偶然」「たまたま」などのフレーズを混ぜておくと、その知識を知らなくても別に問題はないという雰囲気を作ることができるのです。

ワシづかみポイント

41

相手の気分を害さないように発言の頭に「魔法のキーワード」をつけよう！

法則 42

なぜか好かれる人は、

接待に自分の馴染みの店を選ぶ

煙たがられる人は、

レビューで選んで相手に恥をかかせる

話し方に自信がない人は、きっと接待も苦手なのではないでしょうか。

打ち合わせや会議に比べ、接待は時間も長いですから、何より、話がもちません。でも、大丈夫です。相手にあなたの心を伝えればいいのです。

接待には、ソフト面とハード面があります。ソフト面とは**相手をもてなす会話や、サプライズなどの仕掛け**のこと。そしてハード面とは、**接待の場所や料理**のことです。できるビジネスパーソンに見せたければ、まずは店や料理のチョイスが大切です。

接待に使うのは必ず使い慣れた店にするべきです。

もしもあなたが接待をこなさなければならない立場になっているなら、まずは飲食店の開拓からはじめましょう。

良さそうなお店は、今なら情報が豊富ですからいくらでも調べられます。気になるお店は実際にかたっぱしから訪ねてみましょう。

必ずしも高級店である必要はありません。むしろ普段使いができて美味しいお店のほうが、接待された側も、その店を教えてもらったことそのものを喜んでくれます。

雰囲気や料理が気に入ったお店を見つけたら、あまり間隔を開けずに通います。するとお店側も、あなたを常連客として気づいてくれるようになります。

次は、店の人と仲良くなることを考えます。食材や料理の知識を教えてもらうのはもちろん、**プレゼントを贈ったりしてびっくりさせ、個人的関係にまでたどり着ければ最高です。**プライベートの忘年会やデート、家族との会食などもそこでやるようにすれば、無理を聞いてもらえるようになります。

こんなお店を和洋中のジャンルごとに用意しておけば完璧です。大切な接待が入ったら、相手の料理の好みを聞きます。そして、お店に「今度の接待、ちょっと勝負がかかっているんです。よろしくお願いします！」と頼んでおけば、バッチリです。

高級店を選ぶと接待が失敗する⁉

しかし、そのやり方を使えないケースもあります。どうしても新宿で接待しなければならない、先方がタイ料理を希望している、などの場合です。

初めてのお店の場合、最低限守るべきは、ランチでもいいですから、**一度は下見に行き、店の場所や全体的な雰囲気、トイレの位置などを確かめておきます。そして、その場で直接お店の人と相談しながら予約を入れるのです。**

余裕がない場合は、**迷わず名の知れた一流ホテルのレストランを選んでください。**大当たりはありませんが、大ハズレもありません。

接待に不慣れな人が犯しがちなミスは、高級なお店やレビュー評価の高いお店を選ぶこと。他人やネットの情報だけで判断し、一度も訪れずに予約を入れてしまうのは避けるべきです。

接待する側が行ったこともないお店では、道に迷ったクライアントを電話で誘導することもできませんし、テーブル席のつもりが実は小上がり（座敷）で、相手の靴下に穴が開いていて恥をかかせてしまった、などという失態もあり得ます。

接待相手が何かリクエストを出しても、高級店から見ると一見《いちげん》の客にすぎませんから、大していい扱いは受けられない可能性もあります。いくら美味しい店でも、どんな高級店でも、これでは接待が台無しです。

ワシづかみポイント

42

接待するなら使い慣れた店がいい
普段から開拓につとめ、お店の人と仲良くなっておこう！

法則

43

煙たがられる人は、

奇をてらった接待で自爆する

なぜか好かれる人は、

手作りの接待で感動させる

料理のジャンルとお店のチョイスが終わったら、次に気をつけたいのは、接待される側への気遣いです。

接待される側に女性がいるのであれば、特に希望されない限りテーブル席を選ぶようにし、前もってそのことを伝えて安心させておきます。

というのも、座敷になった場合、女性にはいろいろと準備があるのです。座敷に行くとわかっていれば、女性はわざわざブーツなどの脱ぎにくい靴を履きませんし、ストッキングにも気を遣います。

メニューは、コースが基本です。お店を選んだのが自分たちであれば、これは鉄則と言ってもいいでしょう。

接待される側は、あなたに今日の食事を委《ゆだ》ねているのですから、いちいち何にしますか？　などと聞くのはおかしな話です。それは店と相談し、苦手な食材もあらかじめ取材した上で、自信を持って出していけばよいのです。

接待される側が非喫煙者であれば、タバコの臭いは非常に不快に思うはずです。絶対にタバコ臭くない場所を選ぶべきです。何より服に臭いがついてしまうと、自宅に帰ったあとでも、せっかくの接待なのに「タバコの臭いがついいちゃった！」というネガティブな気分を引きずらせることになります。これでは、それまでどんなに気分よく過ごしたとしても、台無しになってしまいます。

参加者みんなが感動する最高のおもてなしとは

僕は、究極の接待は自分の家に招待することだと思います。自ら腕を振るってもてなし、庭でバーベキューでも焼きたいところです。しかし日本にはそうした文化はありませんし、なによりスペースの都合もあるのでなかなかそうは行きません。

接待の場所選びは、家に招く代わりとして行っているという意識を持つとうまくいきます。

したがって、奇をてらった場所や、望まれてもいないのに一般的ではないマニアックな料理を手配するのは、少なくとも一次会では避けるべきです。一般的ではないマニアックな料理とは、具体的にはどじょうや馬肉など。どじょうや馬肉に罪はありませんが、少なくとも万人受けするものではありません。

もし僕が接待を受ける側であれば、料理がうまいかまずいかは二の次です。接待を

してくれる側が、最も心地良く、最も美味しいと思う料理でもてなしてくれているとわかれれば、たとえそれが少々まずい料理だったとしても、やはりうれしいものです。

とても印象的な経験があります。ある創業間もないＩＴベンチャーがあって、都内にある一軒家を事務所にしているのですが、年に一度、夏の時期に世話になっている人を招いてパーティーを開きます。

しかし、それほどお金があるわけではないので、一計を案じます。ビールは安売り店から仕入れ、竹を買ってきて手製の流しそうめん機を作成し、皆で花火をしながらガンガンそうめんをゆでて流すのです。

接待するほうもされるほうも、本当に楽しそうでした。大してお金もかかっていないのですが、とても心が温まります。ありがとう、来年もまた呼んでね、応援するから頑張れよ、とみんなが声をかけます。ここに僕は、接待の本質を見るのです。

ワシづかみポイント

43

接待の本質は気遣いとおもてなしの心
満足度はかけたお金とは比例しない！

CHAPTER 4

ワシづかみポイント

法則 37 誰でも「うんちく」は語りたいもの。だからこそ相手に語ってもらえ!

法則 38 会話には、必ずしも結論は必要ない。何を望んでいるかは相手の心のなかにある。

法則 39 相手に気持ちよく話してもらうためには、知らないふりを! 会話で大事なのは効率ではなく、優しさ。

法則 40 話すのが苦手な人ほどプレゼントやサプライズを連発しよう!

法則 41 相手の気分を害さないように発言の頭に「魔法のキーワード」をつけよう!

法則 42 接待するなら使い慣れた店がいい。普段から開拓につとめ、お店の人と仲良くなっておこう!

法則 43 接待の本質は気遣いとおもてなしの心。満足度はかけたお金とは比例しない!

CHAPTER

5

なぜか怒られない人、すぐ怒られる人の話し方の法則

法則
44

すぐ
怒られる人は、

電話やメールに逃げる

なぜか
怒られない人は、

必ず顔を合わせる

僕は、基本的に直接会って話すことが好きです。手みやげを持っていき、ボケをかまして笑わせ、相手の顔を見て話したほうが楽しく、何事も伝わりやすくなります。相手の心を直接ときほぐすことができますし、相手の表情や仕草《しぐさ》などから、言葉にならない細かいニュアンスを感じとることができます。

すべての用事を直接会うことでこなしたいくらいですが、なかなかそうも行きません。メールや電話に頼らざるを得ないこともあります。

そんなときは必ず、「お電話で本当に申し訳ありませんが……」と一言非礼を詫《わ》びてから始めることにしています。

でも、**トラブルが発生したり、相手に謝らなければならない場面では、どんなに忙しくても必ず時間をひねり出して、オンラインでも顔を合わせることにしています。**

ところが、話し方に自信がない人ほど、謝らなければならない局面で電話やメールで済ませてしまいます。できればなるべく会いたくない、さっさと謝って終わらせたい、ということなのでしょう。

でも、**電話やメールで謝罪したり、交渉したりするほうがよほどハードルが高い**と思います。たいてい火に油を注いでしまう。僕には恐ろしくてできません。

本当は誘拐犯だって直接交渉したがっている⁉

子どもを誘拐した犯人と誘拐された親の会話を考えてみると、電話やメールによる交渉の難しさがわかります。

「子どもの生命が惜しければ、今すぐ３０００万円用意しろ。警察には知らせるな。知らせたら生命はないぞ！」ガチャリ。そう、刑事ドラマでよく出てくるシーンです。

でもこの場面では、犯人も親も、できれば本当は電話ではなく直接交渉したいと思うはずです。誘拐犯は子どもを殺したいから誘拐したわけではなく、お金が欲しいだけ。親は子どもの生命をお金には換えられないと思っていますが、３０００万円はあまりに大金です。

ならば、お互いにひざをつき合わせて、「ぶっちゃけいくらなら出せますかね？」と一発勝負で決められれば話は早いはずです。

誘拐犯「金が目的ですから安心してください。でも３０００万は難しいですかね？」

親「３０００万ウォンですか……」

誘拐犯「ウォンじゃないよ！　円だよ！　ボケてる場合か！」
親「円だと正直きついです。でも、1000万円なら3日待ってもらえれば……」
誘拐犯「じゃあ、それで結構です。ありがとうございます。では3日後、お子さんと交換しましょう」

こんな会話ができるのは、互いの表情や間合い、物腰、身振り手振りといった情報があるからです（まあ、普通はボケませんけど）。しかし、誘拐である以上、交渉は電話に頼らざるを得ません。

僕たちは、幸いにして直接交渉しても逮捕されるリスクはありません。ならば、できる限りニュアンスが伝わるように直接会うようにすべきです。少なくとも、相手の顔が見えるようにする。僕なら、自信がないときほどそうします。

ワシづかみポイント
44
電話やメールはしょせん代替手段
難しい話ほど直接会ったほうがうまくいく

法則
45

すぐ
怒られる人は、

ひたすら謝って嫌われる

なぜか
怒られない人は、

大遅刻すら笑いに変える

一生懸命やっていても、失敗はつきものです。でも、その失敗を失敗のままで終わらせているとしたら、もったいない話です。

なぜなら、**あなたの失敗談は、他人に笑ってもらえるネタの宝庫だからです。**誰でも、人の失敗はおもしろいもの。僕は失敗するたびにさらけ出し、鉄板のネタにアレンジしています。

台風でビニール傘がグシャグシャになり、骨だけになってしまいました。もちろん僕のスーツはずぶ濡れです。こんなとき、ずぶ濡れのまま、さらに骨だけになった傘も捨てずに相手の前に現れると、絶対にウケます。傘は捨てればただのゴミですが、今この瞬間は大失敗をした僕をビジュアルで補強する絶好の小道具になるからです。

相手はびっくりします。お気の毒に、と思う前に、とぼけた顔をした僕が骨だけのビニール傘を持って立ちすくむ姿に思わず笑ってくれるでしょう。そして、とりあえずタオルを差し出

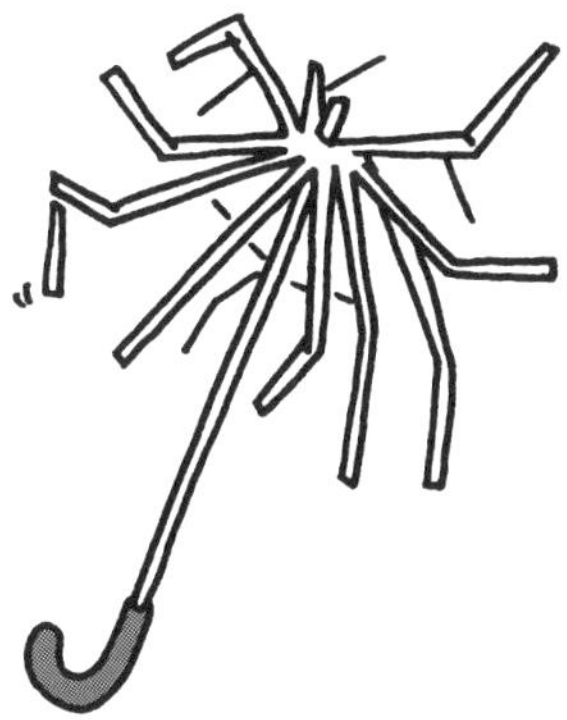

してくれるはずです。

こういうシーンはお互い長い間記憶に残りますし、不思議と嫌な思い出にはなりません。むしろ風が強い日や台風の日のときのための爆笑アイテムとして、骨だけになった傘をとっておきたいくらいです。先日も、ころんで壊れてしまったメガネをそのままかけて参上しました。

どうやって大遅刻を笑いに変えたのか

結構シリアスな失敗になりかねないのは、寝坊や遅刻です。僕は早朝の情報番組で構成を担当していた頃、大寝坊をしてしまったことがあります。

テレビ局には午前3時20分までに入らないといけません。ところが、3時半にプロデューサーから電話がかかってきたとき、まだベッドのなかでした。実は前の晩に寝るときに、曜日を完全に勘違いしていたのです。

「野呂さん、今起きたでしょう?」というプロデューサーの電話の声。僕の仕事は番組のオンエア前に原稿をチェックし、修正することですから、今からタクシーを飛ばしたところで挽回できる見込みはありません。

いくら謝っても、大寝坊して仕事に穴を開けてしまった事実は取り戻せません。僕はわざと余裕たっぷりに、

「いやあ○○さん、電話がかかってくるのをベッドのなかで、今か今かとお待ちしていましたよ……と言うのはウソで、すみません！　すぐに行きます！」

と意表をつく返事をかましました。それから出向いたところで仕事はないのですが、タクシーを飛ばして局に向かいました。

とりあえず、何かおもしろいことをしなければいけない。それはウケを狙って自分のミスを帳消しにしてもらおう、という意図ではありませんでした。生番組という商品を作っているなかで、**最も大切な「出演者やスタッフの気持ち、雰囲気」をしっかりリカバーすることこそが、寝坊して場の空気を乱してしまった自分の責任だと考えたからです。**

遅刻したことをひたすら謝って回っても、おそらく何の解決にもなりません。それ

どころか、謝られたほうがかえって恐縮したり、怒りが増したりして、もっとムードが悪くなってしまう恐れだってあります。

どうすればその場の空気を明るいムードに一変できるか。みんなでワッと笑って生放送に入れるか。そのために、自分に今何ができるか。それだけを考えました。

そこで、テレビ局の近くのコンビニに飛び込み、とにかくかさばる袋に入ったスナック菓子を、それこそ棚ごと、両手で持てる限界まで買い込みました。そしてそのまま、スタッフルームに飛び込みました。

いやー、大変申し訳ありません！　と駆け込んできた大遅刻犯のほうを見ると、本人ではなくスナック菓子のお化けみたいなものがフラフラ歩いているのですから、みんなあっけにとられてしまいました。

寝坊したことで一番迷惑をかけたであろう女子アナのほうに向かい、スナック菓子の山のなかから謝りました。

「ちょっと野呂さん、こんなもの買ってくる暇があったら、あと15分は早く来られましたよね⁉」

もう表情は笑っています。
「いやー、30分は巻けたかもしれないです。でも△△さん、お菓子好きでしょ？」
「こんなに食べられるわけないでしょ！」

こんな雰囲気になり、小腹が空いているほかのスタッフたちも寄ってきて「大遅刻の野呂先生のおかげで美味しい差し入れをいただきました」なんておちょくられます。こうして何とかいいムードを取り戻すことに成功しました。

ただ詫びるだけなら、誰にでもできます。本当にそれが申し訳ないと思うのなら、その失敗を脳みそからはみ出させるくらいのポジティブなサプライズを仕掛ける必要があると思うのです。それこそが本当の誠意だと思いますし、その処理が見事であれば、失点以上の得点を得ることだってできるはずなのです。

ワシづかみポイント
45

ただ謝るだけがお詫びではない！
失敗を上回るサプライズを用意しよう

法則 46

なぜか
怒られない人は、

相手との「共通点」を探す

すぐ
怒られる人は、

相手との「違い」を強調する

ビジネスにもプライベートにも、トラブルはつきものです。

ときとして、さまざまな経緯《いきさつ》から相手が激怒しているところに、許しを請いに行かなければならないことがあります。

謝り方は、話し方の高度な応用と言えます。

ポイントは、**「共通点」**です。

僕がまだ小学校低学年だった頃のことです。名古屋近くの新興住宅地で、みんなで高台から下のほうに向かって石を投げて遊んでいました。すると誰かがコントロールミスして、近所の家の瓦《かわら》を5～6枚割ってしまったのです。

その家のおじさんはカンカンです。みんなで一度家に戻り、親に事情を説明してついてきてもらい、謝罪と弁償の説明のために出向くことになりました。

大勢で一列に並び、順番におじさんに謝ります。おじさんはとても怒っている様子です。

やがて僕の順番が回ってきます。「ごめんなさい」と僕が謝ると、どういうわけかおじさんの態度が柔和《にゅうわ》に一変しました。一体、何が起こったのか？

おじさんの怒りは、どうしておさまったのか

当時名古屋近郊の子どもであれば、判で押したように中日の野球帽をかぶっていたものですが、特に野球に興味がない僕の親は、トンチンカンにもジャイアンツの黒い帽子を僕に買い与えていたのです。

おじさんは僕の帽子を見ながら、「君は巨人ファンか。うん、あんまりいたずらしちゃいかんぞ」なんて言って、最後は割と上機嫌で許してくれました。そう、おじさんはきっと巨人ファンだったのです。

今思えば、中日ファンだらけの名古屋で肩身の狭い思いをしていたのでしょう。そんなときに巨人の帽子をかぶった少年を見たおじさんは、少しうれしくなったのだと思います。

つまり、**人はどんな局面でも、共通点を持っている人間には共感を抱くのです。**

ここから学べることは、もしも、あなたが誰かに怒られて謝罪しなければいけなくなったら、相手との共通点がないかを探してみるということ。

趣味、好きな野球チーム、映画、音楽、ペット、誕生月……。今はFacebookやツイッター、ブログなどで、相手の好みや趣味を調べることもできます。事前に共通点を調べて、相手にさりげなく伝える術《すべ》を考えてみてください。

謝罪のあとに、ぽろっと付け足してもいいし、バッグにそれとわかるキーホルダーやグッズをぶら下げておいてもいい。

その共通点が、あなたを窮地《きゅうち》から救う武器になることがあります。

ワシづかみポイント

46

謝罪の急所は共通点を探すこと
絶対逃げず、誠実なコミュニケーションを！

法則 47

すぐ
怒られる人は、

突然シリアスな話をする

なぜか
怒られない人は、

事前の「予告」が上手

ここでは、**つらい事実を宣告する際の話し方**について説明しましょう。断ったり、注意したり、ネガティブな事実を言わなければならないシーンです。

買ってほしいとすすめられた商品を断る、商談や提案を断るというシーンはもちろん、人の上に立てば、年上の部下に態度を正したり、営業成績を上げるよう注意しなければなりません。長年の取引先に大幅なコストカットを要求したり、社命で同僚にクビを宣告する場面だってあります。

もしも、あなたが医者なら、患者にがんの告知や余命宣告をすることもあるでしょう。もしも、あなたがパイロットなら、飛行機が緊急着陸することを乗客に説明することもあるでしょう。もしも、あなたが総理大臣なら、国民に消費税を上げると説明することもあるでしょう。

こんなとき、話し方に自信がないと、避けて通りたくなります。しかし、そもそも仕事ですから、逃げるわけにはいきません。

でも、つらい交渉や厳しい宣告をする際の話し方をあらかじめ知っておけば、こうした悩みを解消することができます。

ネガティブな話をする際には、次の2つのテクニックがあります。

1、相手に予告することで内容を想像させる方法

部下にクビを宣告しなければなりません。もちろん、そうなる前に会社の業績は悪化しており、当人が実績をあげられていないことは、周囲も当人もある程度は承知しているはずです。

僕ならまず、**開口一番、「これから○○さんに、極めて厳しい話をしなければなりません」と「予告」します。**予告と言っても、そのすぐあとでクビを宣告するのだから意味がないのではないか、と思うかもしれませんが、このわずか数秒のうちに、予告されたほうは最悪の事態まで想像します。

いったん想像したあとなら「……解雇を通告せざるを得ません」と続けられても、ある程度冷静に対処できるのです。つまり、予告は相手に心の準備をさせるための「フリ」になるのです。

取引先に値下げを要求する場面であれば、礼儀としてこちらから出向くようにするべきですが、その前に**アポを取りつける電話で、「今回は、価格面でかなり厳しいご相談をしなければなりません」と予告しておきます。**この時点でやはり、先方は最悪

の事態を想定しますし、「少なくとも取引を止めるというわけではない」といったポジティブな考え方に切り替える余裕も生まれます。

2、相手の味方になりながら伝える方法

もうひとつは、**ネガティブなことを通告される側に立って話をする**方法です。「ぶっちゃけますけど、○○さんが解雇だなんて私は納得がいきません。上にも思いとどまってほしいと頼んだのですが、私の力が足らなくて……」、あるいは「こんな値下げ要求、正直ひどいですよ！　跳ね返してくれて結構です。僕も一緒に戦います！」などと言うと、相手の怒りやショックがやわらぎ、かえって恐縮してくれたりします。

ワシづかみポイント 47

ネガティブな話は宣告前に予告する
相手の味方になれば、ショックな感情をやわらげられる

CHAPTER 5

ワシづかみポイント

法則44 電話やメールはしょせん代替手段。難しい話ほど直接会ったほうがうまくいく!

法則45 ただ謝るだけがお詫びではない!　失敗を上回るサプライズを用意しよう。

法則46 謝罪の急所は共通点を探すこと。絶対逃げず、誠実なコミュニケーションを!

法則47 ネガティブな話は宣告前に予告する。相手の味方になれば、ショックな感情をやわらげられる。

CHAPTER

6

SNSがおもしろい人、つまらない人の書き方の法則

法則 48

SNSがおもしろい人は、

メールのタイトルにこだわる

SNSがつまらない人は、

メールの本文にこだわる

メールやSNSの投稿にも話し方（書き方）は存在します。声に出すか、文字にするかだけの差です。まずメールから説明していきます。

メールは、「タイトルで9割決まる」と言ってもいいでしょう。なぜなら、ほとんどのメールソフトは、タイトルから見る構造になっているからです。

タイトルがおもしろいメールは読んでみようと思いますし、いくら本文が重要な内容で読んでもらいたいものだとしても、タイトルからそれが想像できなければ、気づかれなかったり後回しにされてしまいます。

僕がメールの送信者として、特にマスコミ関係者にプロモーションを仕掛ける場合は、タイトルを非常に大切にします。具体的には、こんな形になります。

野呂エイシロウ〈メルアド〉**【今日0時まで】御社オンリーの情報です**
野呂エイシロウ〈メルアド〉**【極秘】○日××新聞掲載情報取材しませんか？**

一見するとメールマガジンみたいに見えるかもしれませんが、いずれも僕が送信者であるという前提でつけているタイトルです。

1件目は、このあと今日の0時までであれば、他メディアには一切口外せず、あなただけにリークしますよ、という提案です。メディアは自分だけがすっぱ抜いた情報をどれだけ出せるかが勝負です。プロモーションを仕掛ける側としては、期限を区切って情報を独占できる提案を持ちかけることで、メジャーなメディアに扱ってもらおうという意図があります。

2件目は、少しきわどい提案です。すでに取材が終わっていて、数日後に××新聞の紙面に載ることが確定している情報があります。ある程度話題になることが約束されている情報をいち早く扱ってくれる気があれば、内々でリークしますよ、という提案です。

メールタイトルの要は、「見落とされないこと」にある

PRコンサルタントという職業柄、新商品や新サービスのリリースが近くなると、こうしたオペレーションが増えていきます。

しかし、マスコミ関係者、とりわけ現場を取り仕切っているディレクターたちは皆、目が回るほど忙しいのは、僕自身が百も承知です。

せっかくのリークや提案も、忙しい彼らに見落とされたらそれまでですから、ここぞというメールには、**【　】**を駆使したり、**「緊急」「極秘」「取扱注意」「〇時まで御社限り」**などといったメッセージをつけたりして、本文を読んでもらおうと試みるのです。

逆に、どこかのメールマガジンのように毎回のべつ幕なしに刺激的な文言を並べても効果はありません。

あくまで送信者とのセットで判断されますから、滅多なことでは**【　】**や「極秘」などのアイテムは使わないように気をつける必要があります。

ワシづかみポイント
48

メールは本文よりもタイトルにこだわれ！タイトルを見落とされたメールは、闇のなかに消えていく

法則
49

SNSがつまらない人は、

他人の言葉を綴る

SNSがおもしろい人は、

自分の言葉を綴る

次に、多くの人が活用しているnoteやFacebookについて、いくつかのポイントをお伝えしましょう。

noteもFacebookも、PRコンサルタント、放送作家としての僕を、僕自身がいわばPRしている場です。その日のことを自然体で書く、などということではいけません。僕はPRを仕事にしていますから、僕の投稿がつまらないということは、僕自身の沽券《こけん》に関わるわけです。当然そこには僕なりに決めているルールがあります。これはブログにおいても同じです。

noteは、あなたの連載コラム

まず初めに、留意すべき大原則があります。noteは**「自分の言葉を綴《つづ》ろう」**ということです。ネタの探し方のところでも書いたように、ネットやマスコミに頼らず、自分で見聞きしたネタを使ったほうが断然おもしろいというのは、noteにおいてもまったく同じです。

自らが感じた疑問や違和感をもとに、自分で考えたことこそが自分自身なのですから、それを綴ってこそ、友人やクライアントが楽しんでくれます。
ほかの人のｎｏｔｅやブログを読んでいて、真っ先に読む気がなくなるのは、どこにも自分がないエントリー（ブログの記事や投稿）です。

たとえば、名言やことわざなどをそのまま抜粋する。ニュースでこんなことが報道されていたとか、話題になっているとかを引用する。ちょっとしたトリビアネタとか、「今日は何の日」とか……。こんな例はけっこう氾濫しています。

でも僕は、自分では決してこうした記事を書きません。何かの引用をしたところで、野呂エイシロウらしさは出ないからです。

一般論ですが、学者の記事というものはあまりおもしろくありません（特に文科系）。職業上文献の引用が多くなるため、ある程度まとまって読まないことには、書いている「その人」が浮かび上がってこないのです。

一般のビジネスパーソンも同じです。ビジネスでも、日常でも、何でもいいですから、自分で感じたこと、自分の頭に浮かんだ疑問、自分が抱いた違和感を綴ったほうが断然おもしろいし、自分という人間を知ってもらえます。結論なんか、なければないで構いませんし、わかる人に問いかけてもいい。読んだ人がヒントを返してくれるかもしれないのがSNSの良さでもあります。

ｎｏｔｅやブログは、いわばその人の「連載コラム」なのです。

それなのに、どうして１００％他人の視線による材料や１００％他人が考えたテキストを載せるのでしょうか。プロの書き手がそんなことをしたら、「読者」はがっかりし、つまらないコラムだと感じて二度と読まなくなります。

毎日、記事や投稿を書くことを自分に課している人の場合、忙しいときやどうしてもネタが浮かばないときは、格言やニュースを素材に使っていることでしょう。

そもそも無理に更新頻度を上げる必要はないと思いますが、引用、紹介をする場合でもそれで終わるのではなく、**それを受けてあなたはどう考えたのか、その引用部分に対してあなたの立ち位置がどこにあるのかくらいは、短文でも間違っていてもいいですから書き込んでほしいと思います。**

ワシづかみポイント
49

noteはあなたの連載コラム
自分の言葉を書かないでどうする！

法則 50

SNSがつまらない人は、

食べたカレーをそのままアップする

SNSがおもしろい人は、

美味しいカレー屋のランキングをアップする

僕のFacebookは、野呂エイシロウという人間のファンを増やすためにあります。したがって、ファンを増やすことにつながらないエントリーは書き込みません。

その代表格は、短い文章で事実だけを綴った記事です。**どこに来た、何を食べた、雨が降ってきた、電車が停まっている、**こんな一言は、「自分の連載コラム」ではなく、ツイッターで発信すればよいことでしょう。

また、Facebookには、パーティーで撮った写真入りの記事を仲間内で共有したり、コメントを付け合ったりする楽しさもあります。ただし、このような**特定の仲間向けの記事は、必ず公開範囲を限定します。**

また、個人的な備忘録も公開は避けています。それは私物の類《たぐい》ですから、少なくとも他人の目には触れないようにしておくべきです。

何を考えて書くべきか。これは簡単です。**読者を楽しませるために書くのです。**

「昨日カレーを食べました。美味しかった！」なんていう記事は、読まされる人にとっては100％無関係なこと。ただし、「カレーを食べていたら、ルーのなかからインドの仏像が出てきた」というなら、すごい話ですから書けばいいでしょう。まあ、こんなことが実際にあったら、それどころじゃありませんが……。

「残念な人」であることを宣伝しちゃダメ！

どうしてもカレーを食べたことを記事にしたいのなら、何らかの理由が存在しなければならないでしょう。

その基準は、**他人が読んだときに有益性があるかどうか。**

そのカレーが抜群に美味しいのなら、グルメ記事のような、おすすめ情報に仕立てます。何が特徴で、自分の舌でどう感じて、そのお店がどこにあって、どのくらい行列を作っているのか、などの話題が書かれていれば、興味を持って読んでもらえるはずです。

あるいは、あなたが「1日1カレー」といった勢いでカレーばかり食べているカレー好きであれば、Ｆａｃｅｂｏｏｋをカレーの記事で埋めてしまうという意味が出てきます。時系列の記事だけでなく、カレー店の比較ができるランキング的なものを添えておくと、あとからまとめて見返す人にも有益性が増します。

裏を返せば、そこまでしないと「今日はカレーを食べました」などという記事は、他人には無意味だということです。この話は、グルメに限ったことではありません。

講演会や勉強会に参加した記事をアップする人がいますが、「自分の言葉」が入っていないと、「その人」が浮かび上がってこない記事になってしまいます。

セミナーで講師が語ったことの要点をメモし、「勉強になりました！」とだけ書かれているような記事は、「きょうはカレーを食べました、美味しかった！」という記事と大差がありません。

「とっても学びの多い講演会でした。講師の先生とパチリ」。これは残念な人の典型です。おそらくすごい人と写真を撮った、と言いたいのだと思いますが、すごいのは講師であって、隣でピースサインをしているあなたではありません。

ときには批判も含め、自分自身がどう消化したのかを書かなければ、ただの「セミナー好きの人」というイメージを拡散してしまうだけです。

ワシづかみポイント 50

Facebookは日記ではない 他人が読んでも有益な記事かを考えて投稿しよう

法則

51

SNSがつまらない人は、

批判記事でみんなの気分を暗くする

SNSがおもしろい人は、

ポジティブな記事で友達を明るくする

ウェブ上のエントリーに自分の考えや疑問などを書くとき、頭に置いているポイントが3つあります。

1、自分の快感のためだけでなく、広く一般に有益な記事になっているか？

まず、Ｆａｃｅｂｏｏｋもｎｏｔｅも自分という人間を知ってもらうためのメディアであって、そのためには他人に読んでもらわなければなりません。書いた記事が、**読者にとってできるだけ有益な情報になるよう心がけています。**

2、読み手にとってポジティブな、勇気づけられる情報になっているか？

次に、書いた記事が、**前向きで、勇気ややる気が出る情報になっているかをチェックします。**あなたが他人の記事を読むケースを想像してみてください。朝や晩にまとめて、あるいはちょっとした空き時間にチェックしていたら、何やらネガティブな、世の中を恨んだような、気落ちするような記事が書かれていたらどう感じますか？

僕ならテンションが落ちて嫌な気分になります。同時に、そんな記事を書いた人は、きっとつまらない人間なのだろうと想像します。

たとえ悲しい内容やつらい出来事を伝える場合でも、ポジティブなものへ転換することは可能です。**ただ感情を吐き出すのではなく、読み手も読んでよかったと感じるような方向に視点を変えて仕立て直すべきです。**ああ、こんなもの読まなきゃよかった！　と思われないような記事を発信したいものです。

3、上から目線の批判や、身の丈に合っていない話になっていないか？

自分で考えたこと、自分で感じた疑問や違和感を綴ろうと再三強調しているわけですが、気をつけたいのは、少し方向を誤ると、えらく大上段の構えから天下国家を批判したり、他人の言葉を借りて誰かを攻撃したりするような記事になることです。自分という人間のサイズにまったく合っていない批判記事ばかりになってしまうケースです。

ネガティブな記事を読まされると嫌な気分になるのと同様、批判が批判で終わってしまうだけなのも、あまり感心はできません。

批判をする以上は、その問題点を認識しているはずです。であれば、どうすればその問題が改善されるのかを自分なりに考え、どう行動するかを宣言しなければおかしいのです。その人のＦａｃｅｂｏｏｋなのですから。

この種の典型的な例としては、第三者なのに、「全部マスコミが悪い」とか、「ブラック企業を何とかしなければ」などといった論調をしたがる風潮がこれに当たります。そう書くことが流行に乗っているかのように勘違いしているのです。

どうしてもその記事を書きたいのなら、**悪いマスコミやブラック企業に対して、自分がどの立ち位置にあるかを明らかにし、彼らが誤っているところや改善策を検証し、誰にでもわかる形で提示する必要があります。**それができないのなら批判はやめておきましょう。自分の魅力のなさをＰＲしているだけだからです。

ワシづかみポイント

51

読んで楽しい記事を書こう
上から目線の批判を書くなら、対策を書かなければ意味はない！

法則
52

SNSがつまらない人は、

飛行機でパンツをはいている

SNSがおもしろい人は、

飛行機でパンツを脱いでいる

失敗談は格好の会話のネタになる、と述べましたが、これはFacebookやブログでもまったく同じです。

人は失敗や悩みに共感します。さらに、**一生懸命だからこそしてしまった大失敗は、ただ笑えるだけでなく、確実にその人の人間性のアピールにつながります。**

失敗ネタほど「いいね！」がたくさんつく

最近の僕は、**何か失敗するたびに「やった、Facebookのネタにできる！」と少しうれしくなってしまうほどです。**

秋元康さんがニューヨークを訪れたとき、空港を出たらいきなり犬のうんこを踏んでしまった、なんていう失敗談は、今も鮮やかに記憶に残っています。

何しろ、十何時間もかかって、6千マイル以上もの距離を飛行機でやってきて、さあニューヨークだ、タクシーで乗り込むぞ！　と意気込んだはずが、いきなり犬のうんこを踏むだなんて……。

うん、こんなラッキーな人はいないぞ！　僕の大好きなエピソードです。

先日、ある地方都市の空港から飛行機で東京に戻ろうというとき、空港まで取引先が出してくれた車のお世話になったところ、大渋滞にハマってしまってとうとう乗り遅れてしまう「事件」がありました。

結局、次の便の搭乗券を改めて買い、空港で待ちぼうけとなりました。取引先の人たちは「電車で向かっていればこんなことにはならなかった。余計なことをしてしまった」と平謝りです。もちろん彼らに落ち度はないのですが。

そこで、早速この失敗談をムダになった搭乗券の画像とともにＦａｃｅｂｏｏｋにアップしました。すると、急ピッチで「いいね！」がついていきます。失敗談には同情や共感が生まれやすいのです。

ときには、ネタ作りのためにわざと「失敗」してみるのも手です。

たとえば、**「もしパンツをはかずに飛行機に乗ったらどうなる？」**と投稿してみる。何事も実際にやってみなければ実感がないので、本当にチケットを取ってパンツをはかずに（もちろんズボンははいています）飛行機に乗ってみてもいいでしょう。パリっとスーツを着こなしたビジネスパーソンたちのなか、自分だけが違う。そう、すました顔をしてパンツをはいていないのです！

ただ、スーツは着ているのですから表面上は立派なビジネスパーソン。何が起きればパンツをはいていないことがバレるのか？……なんて、ちょっと想像するだけでもおもしろそうです。

実は、このアイデアはある失敗から生まれました。ワインを派手にこぼしてしまい、機内でパンツ1枚で過ごしたことがあるのです（さすがにおススメできませんが）。

それにしても、本書の締めのネタがパンツの話とは、なんとも僕らしい……。

ワシづかみ
ポイント
52

失敗したら記事を書く大チャンス到来！
ネタ作りのためにわざと失敗するのも手だ

CHAPTER 6

ワシづかみポイント

法則 48 メールは本文よりもタイトルにこだわれ！　タイトルを見落とされたメールは、闇のなかに消えていく。

法則 49 noteはあなたの連載コラム。自分の言葉を書かないでどうする！

法則 50 Facebookは日記ではない。他人が読んでも有益な記事かを考えて投稿しよう。

法則 51 読んで楽しい記事を書こう。上から目線の批判を書くなら、対策を書かなければ意味はない！

法則 52 失敗したら記事を書く大チャンス到来！　ネタ作りのためにわざと失敗するのも手だ。

エピローグ

僕は、ただ単におもしろいだけの人というのは、実は使えないと考えています。

もちろん、芸人になりたいというのなら話は別です。楽屋でどれだけ仏頂面《ぶっちょうづら》をしていようと、イライラして後輩をいびろうと、ステージに立ち、カメラの前に出たらいくらでもおもしろくできるのであれば、構わないからです。

でも、僕たちは芸人ではありません。僕たちは会話を通じて人を笑わせ、和ませながら、「本業」をうまく進めようとしているはずです。仕事だったり、好きな人をくどくことであったり。

僕たちが生きる世界では、おもしろさは、「何か」とセットになることで初めて生きるのです。

「何か」を持っている人がいます。まじめに仕事ができる人、実直にテクニックを蓄積していている人、冷静な判断力を備えている人、ある分野なら誰にも負けないオタク気質の人。

でも、それだけでは意外とつまらない。その理由は、他人との関係が足りないことからきています。

そんな「何か」を持っている人に、「おもしろさ」というオプションが備われば、僕は無敵なのではないかと思うのです。

そして、毎日の会議や打ち合わせがおもしろくなれば、さらにいきいきと働けるようになります。大河ドラマで話題の黒田官兵衛のように、戦《いくさ》の会議をしているわけではありません。あなたは、世の中を楽しませる会議や打ち合わせをしているのです。その場をおもしろくできれば、世の中もおもしろくできるかもしれません。

相手を知り、相手を和ませ、相手の心を開かせ、その上で自分の能力を見せてください。これまでの何倍も、世界が広がるはずです。

この本を書くにあたり、自分でも気づかなかった僕の才能を発見し、新しいキーワードを見出してくれたアスコムの皆様。根気強く編集に協力をしてくれた増澤健太郎様、正木誠一様、素敵なデザインをしてくれた山之口正和様、ページを華やかにしてくれたイラストレーターの加納徳博様、そして、印刷会社をはじめ、流通その他すべてに携わってくれた皆様。本当にありがとうございました。

そして、この本を読んだあなた。この瞬間からあなたは、2割はおもしろくなっているはずです。すぐに実践を。では。

野呂エイシロウ

心をつかむ話し方 無敵の法則

発行日　2021年3月22日　第1刷
発行日　2021年3月29日　第2刷

著者　野呂エイシロウ

本書プロジェクトチーム
編集統括　柿内尚文
編集担当　中山景
デザイン　山之口正和、沢田幸平（OKIKATA）
編集協力　増澤健太郎、正木誠一
カバーイラスト　こつじゆい
本文イラスト　加納徳博
校正　荒井よし子
DTP　マーリンクレイン

営業統括　丸山敏生
営業推進　増尾友裕、藤野茉友、綱脇愛、大原桂子、桐山敦子、矢部愛、寺内未来子
販売促進　池田孝一郎、石井耕平、熊切絵理、菊山清佳、吉村寿美子、矢橋寛子、遠藤真知子、森田真紀、大村かおり、高垣真美、高垣知子
プロモーション　山田美恵、林屋成一郎

編集　小林英史、舘瑞恵、栗田亘、村上芳子、大住兼正、菊地貴広
講演・マネジメント事業　斎藤和佳、志水公美
メディア開発　池田剛、中村悟志、長野太介、多湖元毅
管理部　八木宏之、早坂裕子、生越こずえ、名児耶美咲、金井昭彦
マネジメント　坂下毅
発行人　高橋克佳

発行所　株式会社アスコム

〒105-0003
東京都港区西新橋2-23-1　3東洋海事ビル
編集部　TEL：03-5425-6627
営業部　TEL：03-5425-6626　FAX：03-5425-6770

印刷・製本　中央精版印刷株式会社

Printed in Japan ISBN 978-4-7762-1128-0

本書は、2014年3月に弊社より刊行された『「話のおもしろい人」の法則』を改題し、加筆修正したものです。